혼자서도
고물고물 잘 놀자

_____ 님께

은퇴노인의 멋지게 늙어감의 기술

혼자서도 고물고물 잘 놀자

박태호 에세이

은퇴 이후에도 **재미**있고 **행복**하게 보내길 원하시지요?

여기 혼자서도 고물고물 잘 놀면서 즐겁게, 행복하게 하루하루를 보내는 어느 베이비부머의 이야기가 펼쳐집니다.
한 번 들어 보지 않으시렵니까?

도서
출판 **범한**

먼저, 졸저를 통해 저와 인연을 맺어주신 독자 여러분에게 감사드립니다.

이 글은 퇴직 이후 제가 평범하게 즐기면서 직접 경험하고 있는 은퇴생활의 소소한 일상들을 모은 것입니다.

수년 전 대학교수로 재직 시 첫 번째 수필집, 「절망 속의 희망」을 펴낸 바 있습니다. 많은 분이 격려를 보내 주었습니다. 덕분에 경제적으로 어려운 농촌 출신 학생들을 돕기도 하였습니다.

이번에는 은퇴 후 힘겹게 살아가는 저와 같은 베이비부머에게 들려주고 싶은 얘기입니다.

사실은 인생 1모작에서 받은 혜택을 나누고 더불어 잘 지내보자는 순수한 동기에서 출발하였습니다. 좀 욕심을 부려 은퇴 후 늙어감의 기술을 제 기준으로 제시해 보았습니다.

'코로나19'가 세상을 바꿔 놓았습니다.

언텍트, 집콕이라는 신조어가 의미하듯이 혼자서 지내야 하는 시간이 늘어나다 보니 외로움과 고독마저 엄습해 삶의 질은 걷잡을 수 없이 떨어지고 있습니다.

이제는 혼자서도 잘 놀아야 하는 시대가 되었습니다. 모든 세대가 다 해당하지만 은퇴한 노인들에게 더더욱 그러합니다.

나이가 들면 집에서만 지내는 시간이 많아집니다. 무료해서 TV만 쳐다보다가 허송세월을 지내기에는 흐르는 세월이 너무 아깝습니다. 조금만 노력하면 얼마든지 재미있게 여생을 보낼 수 있습니다. 이게 이 책의 핵심 얘깃거리입니다.

필자는 6.25 전쟁이 끝난 직후, 1955년에 태어난 베이비부머 맏형입니다.

고단한 어린 시절을 보내고 경제 발전에 중추적인 역할을 했던 세대입니다. 작년에 만 65세가 되어 지공도사 자격도 취득했습니다.

주위를 돌아보니 그러지 않아도 베이비부머의 인생 2모작이 어려운데 '코로나19'의 영향으로 삶이 더 팍팍해졌습니다. 자녀교육과 부모 공경을 해야 하는 낀 세대이다 보니 은퇴 준비를 제대로 하지 못했습니다. 앞날이 걱정입니다.

"가난은 나라도 구하지 못한다"라는 말이 있습니다. 청년들의 일자리가 부족한 이때 자녀들에게도 의지할 수 없습니다. 이제 스스로 힘난한 세상을 살아내야 합니다.

돈 버는 얘기는 하도 많아 여기서는 거론하지 않겠습니다. 다만, 적은 돈으로나마 은퇴 생활을 어떻게 하면 건강을 유지하면서 잘 살아낼 수 있을까에 대해 초점을 맞추었습니다.

제 삶의 모토는 단순합니다.

"큰 돈 들이지 않고 건강하게 고물고물 잘 놀자"라는 것입니다.

조금만 눈을 돌리면 우리 주위에 재미있고 보람 있게 보낼 수 있는 거리가 너무 많이 있습니다. 실제로 저는 주어진 시간을 충분히 사용하면서 하루하루를 재미있게 보내고 있습니다.

물론 좋아하는 취미나 일이 사람에 따라 다 다를 수 있습니다.

하지만 노후 세대의 공통점은 고독력을 기르고 혼자서도 고물고물 잘 놀아야 한다는 것입니다.

이 책은 은퇴자로서 의미 있는 길을 걷고자 하는 베이비부머에게 보잘 것은 없지만 제가 실천하고 있는 것들의 노하우, '멋지게 늙어감의 기술'을 전하고 싶습니다. 크게 네 가지입니다.

첫째, 건강입니다.

긴말이 필요 없습니다. "건강에 들인 돈은 계산기로 두드리지 말라"는 말이 있습니다.

건강하게 오래 살아야 삶의 의미가 있고 건강한 인생이 성공한 인생입니다. 특별한 비법은 없지만 큰돈 들이지 않고 몸으로 때워 건강을 유지하고 있는 제 모습과 소망을 담았습니다.

둘째, 공부 이야기입니다.

평생 공부를 해야 치매도 걸리지 않고 삶의 질을 높일 수 있다고 합니다. 은퇴 이후 공부가 진짜 공부입니다. 누가 시켜서 하는 것이 아니라 스스로 책을 읽으니 맛이 납니다. 시간제한도 없다 보니 느긋하게 하고 싶은 공부를 할 수 있습니다. 책상에 앉아 책을 보는 시간이 제일 행복합니다.

셋째, 취미생활입니다.

건강하고 돈 있다고 다가 아닙니다. 하루를 살아도 재미있게 지내야 사는 맛이 납니다. 찾아보면 놀거리가 널려 있습니다. 옛말에 "잡기에 능하면 패가망신한다"라는 말이 있습니다만 이제는 아닙니다. 혼자서 고물고물 잘 놀려면 다양한 취미가 필수적입니다. 많으면 많을수록 좋습니다.

본문에서 자세하게 언급했지만, 사교댄스를 예로 들어봅시다. "춤추면 바람난다"라는 말을 맹신하고 마음속으로는 하고 싶었지만 참아 오다가 뒤늦게 문을 두드리는 사람을 많이 봅니다.

주위에 있는 노인복지관이나 심지어 동사무소 문화센터에 가보십시오. 늘 만원사례입니다. 다들 "좀 더 일찍 배울 걸"하고 후회하고 있습니다.

제 경우, 가짓수가 많아 언제 그걸 다 하느냐고 친구들이 묻지만 잘 조절하면 얼마든지 할 수 있습니다. 비결 아닌 비결을 소개하였습니다. 기대하셔도 좋습니다.

넷째, 삶의 지혜에 관한 이야기입니다.

지혜롭게 살아야 합니다. 특히, 노년은 인생을 정리하는 시기입니다. 너무 욕심을 내지 말고 평범한 일상의 행복을 즐길 줄 알아야 합니다. 성질도 죽이고 이웃과도 적을 만들지 말아야 합니다. 저도 완벽하지 못하지만 노력하니 많이 좋아지고 있습니다.

나아가 품위 있는 죽음에 이르기까지 스스로 미리 준비해야 합니다. 때론 좀 손해도 보며 바보스럽게 살아가는 제 모습을 담았습니다.

다시 한 번 말씀드리지만 내 삶의 모토는 단순합니다.

"혼자서도 고물고물 잘 놀자"라는 것입니다. 실제 혼자서도 잘 놀면서 잘 지내고 있습니다. 남에게 굳이 의존하지 않고도 혼자 시간을 즐겁게 보낼 줄 아는 진정한 자유인이 되기 위해서 입니다.

농부 작가이자 재야 사상가였던 전우익 선생(1925~2004)이 남긴 '혼자만 잘 살믄 무슨 재민겨' 라는 책을 읽은 적이 있습니다. 저도 같은 마음입니다. 같이 잘 놀고 싶습니다.

지금까지 터득한 늙어감의 기술을 칠백 삼십만 1차 베이비부머뿐만 아니라 앞으로 진입할 은퇴자들과 나누고 싶습니다.

이 자리를 빌려 은퇴 이후 큰 돈 벌이 없이 지내고 있는 나를 위해 늘 기도해주고 용기를 불어넣어 주는 사랑하는 아내, 이계임 목사께 고맙다는 인사를 드립니다. 아울러 짜임새 있는 편집과 예쁜 삽화를 넣어 시각적으로 돋보이는 책을 발간한 도서출판 범한 이낙용 대표와 임직원 여러분께 깊이 감사드립니다.

끝으로 이 책을 통하여 한 사람이라도 고물고물 멋진 인생 후반기를 보내게 된다면 투입한 노력이 헛되지 않을 것입니다. 저 자신도 이 책을 거울삼아 늘 남은 세월도 더 멋지게 살기 위해 온갖 노력을 다해 나갈 생각입니다. 베이비부머 여러분, 파이팅입니다.

2021년 4월

봄을 기다리며 김포 고촌
숲속마을 서재에서

박태호

목차

취미편

노인의 지혜편

건강편

건강한 인생, 성공한 인생

　이따금 아직도 버리기가 아까워 먼지를 뒤집어쓰고 내 서재의 한 자리를 차지하고 있는 책 제목을 훑어보면서 눈이 가는 대로 꺼내어 다시 보는 버릇이 있다. 대부분 참으로 감명이 깊었고 귀하게 읽은 책들이다.

　오늘은 윤방부 전 연세대 교수(1943년생)의 「건강한 인생, 성공한 인생」(2008년)을 빼서 중요 부분을 다시 읽었다.

　그의 건강에 관한 소박한 글을 읽어나가다 보면 옆에서 강의를 듣고 있는 것 같다. 잘생긴 외모에 구수한 입담까지 곁들여 그에겐 여성 팬들이 많다는 얘기를 듣는다.

　'건강은 건강할 때 지켜라'하는 말이 있다.

　"재산을 잃으면 조금 잃는 것이고, 명예를 잃으면 조금 많이 잃는 것이며, 건강을 잃으면 모두 잃는 것이다."

　아무리 부(富)와 명예가 있다고 해도 건강을 잃으면 아무 소용이 없다는 사실은 누구나 다 알고 있다. 하지만 현실적으로 일과 각종 스트레스에 시달리다보면 이런 사실을 알면서도 과음, 지나친 흡연 등 우리의 몸과 마음을 해치는 일들을 서슴없이 하곤 하는 것이 현실이다.

　내가 40년 동안 직장생활을 해 오면서 터득한 스트레스 대처법을 몇 가지 소개한다. 물론 은퇴 이후에도 현재 진행형이다.

매일 아침 다섯 시에 기상하여 제일 먼저 입술 양쪽 근육을 위로 힘껏 올리는 훈련을 한다. 그러면 내 뇌는 엔도르핀 호르몬을 생산하여 잠을 완전히 깨우고 힘찬 하루를 시작해도 좋다는 사인(sign)을 보낸다.

그리고 양치질로 입속을 깨끗이 닦고 면도를 한 후 물 한 컵을 들이켠다. 이 때, 물은 더운 것과 차가운 것을 반반 섞는다.

이어서 약 20분간의 국선도 체조로 몸을 이완시킨다. 이 때, 발끝치기를 5백 번 이상 꼭 실시한다. 발이 우리 몸의 축소형이라 치기만 해도 건강이 좋아지기 때문이다.

그 후 인위적인 장 훈련을 곁들이면 쾌변으로 이어진다.

한 가지 특별히 신경 쓰는 것이 있다. 바로 항문 청결이다.

이십 대 초반, 치질 수술을 한 후 의사 선생님의 권유가 있어 비데를 이용하고 좌욕도 매일 한다.

화장실에서 틈새를 이용해 빠지지 않고 하는 게 또 하나 있다.

양 손가락 치기이다.

이는 손가락 끝으로 박수를 치는 것이다. 백 번 이상 자극하면 눈과 코 등 우리 몸의 혈액순환에 도움이 된다.

이어서 한 시간 정도 일본어 공부를 하고 NHK TV 아침 뉴스를 시청한다. 그리고 국내 신문 사설은 빼놓지 않고 본다. 곧이어 자전거를 타고 뒷산에 오른다. 제일 먼저 각종 헬스 운동기구로 기초체력을 다지고 동료들과 테니스 두세 게임을 한다.

이때, 전날에 있었던 각종 스트레스를 스매싱으로 날리고 일부러 소리 내어 크게 웃는다. 테니스는 20대부터 시작했으니 근 40년 세월이 흘렀다. 그래도 질리지 않는다. 너무 재미있기 때문이다. 앞으로도 내 몸이 허락하는 한 라켓을 놓지 않을 것이다.

운동 후 땀이 흠뻑 젖은 상태로 집으로 돌아와 간이 욕조에 물을 받아서 샤워를 끝낸 후 물속에서 가부좌를 틀고 최면요법(催眠療法)에 따른 명상시간을 한 5분 정도 가진다.

요즘에는 '코로나19'로 인해 테니스장이 문을 닫아 이런 테니스의 묘미를 맛보지 못하고 있다. 대신에 뒷산 '당산미'를 돌아온다. 약 한 시간 정도 걸린다. 산행도 매일 하다 보니 새로운 일과가 되었다. 산 정상 평평한 곳에서 국민체조를 하고 골프 스윙연습과 왈츠, 자이브, 탱고 등 댄스를 연습한다.

아침 짧은 시간에 언제 이렇게 복잡한 것을 다 할 수 있을까 하고 궁금하게 생각할지 모르겠지만 습관이 되면 물 흐르듯 쉽게 할 수 있다. 이렇게 쾌조의 출발을 하면 웬만한 스트레스는 몸으로 이길 수 있다. 돈도 별로 들지 않는다.

그런 의미에서 아침운동은 내 생활의 평형수가 되고 있다.

윤방부 교수가 말씀하신 '행복의 조건'은 그저 단순하고 소박하며 평범한 것들이다. '많은 게 좋은 것'이라는 생각보다는 '지금도 충분하다'는 '자족(自足)'의 생각으로 살면 세상에는 감사할 것들이 가득하다고 말한다.

옳은 말씀이다.

여기서 진정한 성공의 의미를 되새겨 보자.

지나온 세월을 뒤돌아보니 경쟁의 연속이었다. 이겨야 했다.

승자만을 알아주는 세계였다.

그런데 실패가 인생 전체의 실패가 아니라는 사실을 깨닫는 데 꽤 많은 시간이 걸렸다.

알고 보니 실패는 성공의 어머니이고 단지 또 다른 시작일 뿐이었다.

이제부터라도 생각을 바꾸자.

실패에 대한 두려움을 떨쳐 버리고 반드시 잘해야 한다는 강박관념도 벗어던지자. 우리에게 중요한 것은 성공이냐, 실패냐의 결과가 아니라 최선을 다해서 내가 그런 과정 속에 함께 했다는 사실이다.

어차피 한 번 사는 인생이 아닌가. 소심하게 움츠리기에는 우리의 인생이 너무 짧다. 통 크게 세상을 살고 싶다면 마음의 그릇을 조금만 더 키우자. 때로는 실패도 담담하게 받아들일 수 있는 배짱, 자신이 저지른 실수도 사랑하고 껴안는 자세가 필요하다. 그것이 바로 내 마음의 그릇을 키우는 가장 효과적인 방법이며 멀리 내다보고 인생을 사는 것이다.

아울러 진정한 성공을 꿈꾼다면 내가 무엇을 잘하고 원하는지를 스스로 끊임없이 묻고 또 물어 성공을 위해 부단히 노력해야 한다.

진정 자기가 좋아하는 일을 할 때는 누가 시키지 않더라도 저절로 신바람이 나서 시간가는 줄 모르고 일에 몰두할 수 있다. 꼭 사회적으로 큰 명성을 얻고 부자가 되어야만 성공한 인생이 아니라 자기가 목표한 것을 향해 묵묵히 걸어가면서 이웃에게 베푸는 삶이라야 멋진 인생이 아닐까.

최근 근육질로 다져진 몸에 병원 신세를 한 번도 지지 않을 정도로 건강을 유지했던 내게 대상포진이란 낯선 손님이 찾아왔다. 겨울철 자전거 라이딩에다가 테니스까지 다소 무리했던 탓에 면역력이 떨어져 잠복했던 수두 바이러스가 다시 되살아 난 것이다. 대상포진은 주로 노인들에게 흔한 질병이었는데 요즘은 세대를 가리지 않고 발병한다고 한다.

혹시 50대 이상 독자들 가운데 아직 대상포진 예방주사를 맞지 않았다면 좀 비용이 들더라도 꼭 접종할 것을 부탁한다. 듣던 대로 무척 아프다.

아파보니 깨닫는다. 역시 건강이 최고다.

그래서 이런 결론이 나온다. 뭐니 뭐니 해도 머니(money)가 최고가 아니라 건강이 최고다.

나이 들면 건강한 사람이 가장 부자요.

건강한 사람이 가장 행복한 사람이며,

건강한 사람이 가장 성공한 사람이다.

노년의 건강, 근육이 좌우한다

건강하게 오래 사는 것은 모든 이들의 소망이자 꿈이다.

걷기만으로는 근육 만들기에 한계가 있다고 한다.

자전거 타기나 근력 운동을 따로 해야 한다.

적어도 하루 30분 이상, 주3회 정도 꾸준히 해야 효과를 거둘 수 있다.

그리고 단백질이 많은 음식을 섭취해야 한다.

단백질은 근육, 뼈 손실을 막고 에너지와 면역력을 유지하는 필수 영양소이다. 노인들은 근육 생성 효율과 단백질 흡수율이 떨어져 일반 성인보다 단백질을 30% 정도 더 섭취해야 한다.

고기, 계란, 우유, 콩, 견과류, 버섯 등에 단백질이 많이 들어있어 끼니마다 챙겨 먹어야 한다.

지금까지 살아오면서 병원 신세를 지지 않고 비교적 건강하게 살아온 것은 운동 덕분이라고 생각한다. 테니스와 골프, 댄싱, 등산, 자전거 타기는 수십 년간 꾸준히 해오고 있다.

최근에는 뒷산을 오르고 각종 운동기구를 이용하여 근육을 강화하는 운동을 겸하고 있다. 가슴근육과 다리근육이 강화되어 등산할 때나 골프 라운딩할 때 많은 도움이 되고 있다.

노년의 운동은 병원비 감축으로 이어져 금전적 부담도 줄일 수 있다. 꾸준히 해야 할 이유이다.

노인도 꾸준하게 운동하면
30년 이상 젊은 심장을 가질 수 있다

운동이 좋다는 것은 이미 다 알려진 사실이다.

이번에 미국 볼 주립대학교에서 발표한 연구결과에 눈길이 간다.

50년 이상 수영, 달리기, 자전거 등 운동을 계속해온 70세 노인의 근육이 건강한 25세 근육과 같았다고 한다.

특히, 심장건강을 나타내는 유산소적 에너지 전환능력은 청년보다는 낮았지만 동년배보다는 40% 이상 높은 수치였다.

평균적으로 비교하면 규칙적으로 운동하는 노인들은 실제 나이보다 30년 이상 젊은 심장을 가지고 있는 것으로 나타났다.

놀라운 결과이다.

인간은 원래부터 움직이는 동물이다.

늙었다고 방구석에만 처박혀서 움직이지 않는다면 제 명을 재촉하는 일이다.

운동은 건강수명을 연장하는 데에도 꼭 필요하다.

물론 충분한 수면과 함께 알맞은 영양섭취도 필요하겠지만 그 무엇보다 중요한 게 운동이다.

그것도 꾸준히 해야 한다.

오늘도 왕복 10km가 훨씬 넘는 거리를 자전거로 달리고 재미있게 테니스 2게임을 하고 왔다.

근 40년이 넘게 이와 같은 아침 운동을 계속하고 있다.

덕분에 칠십을 저만치 바라보는 중늙은이지만 아직 특별히 아픈 데는 없다. 무슨 일이든 해낼 수 있는 왕성한 체력이 있다.

하지만 예방 차원에서 약한 고혈압을 관리하고 있다.

엊그제 동네 의사를 찾았는데 "선생님 같은 분만 있으면 병원을 닫아야겠습니다"라고 칭찬을 아끼지 않았다.

그 어떤 경우에도 운동을 게을리 하지 않은 대가이다.

앞으로도 돈은 못 벌지언정 운동은 절대 쉬지 않을 것이다.

'화', 잘만 다스리면

나이가 들면 조그만 일에도 화를 잘 내게 된다. 특히, 집안에서 생활하는 시간이 길어지다 보니 부부간 다툼이 일어나 심할 경우, 황혼이혼으로까지 이어진다고 한다.

지난날을 돌이켜 보니 직장생활 40여 년 동안 다시 만나고 싶지 않은 천생웬수(?)를 여럿 만났다. 지금 생각해도 가슴이 오싹해진다. 은퇴한 이후에는 사람을 접촉하는 기회가 많이 줄어서인지 좀 덜한 편이다.

그러나 각종 모임에 나가다 보면 아직도 목소리 크고 자기가 잘났다고 상대를 무시하는 놈(?)들이 왕왕 눈에 띈다.

흔히 나이가 들면 집에만 있지 말고 나가서 적극적으로 활동하라고 얘기들 한다. 그런데 어떤 모임에나 그런 스트레스를 팍팍 주는 사람이 한둘은 끼어 있다.

그럼 화나고 열 받게 하는 상황을 어떻게 대처하면 좋겠는가?

내 경우 대처법을 소개하면 이렇다.

젊은 시절에는 화를 참지 못했다. 그 결과 손해도 좀 봤다. 남들처럼 아부 기질을 발휘하지 못해 승진의 기회를 놓치기도 하고 집에 들어와 오히려 내가 잠 못 이루는 고통을 겪곤 했었다.

이제 와 생각하니 "그 순간 조금만 참을걸"하는 후회 아닌 후회를 할 때가 있다. 요사이는 내가 생각해도 너무 관대해졌다. 운전 중에 본선으로 들어오려는 운전자에게 내가 먼저 양보하여 자리를 만들어 준다.

각종 모임에서도 내게 상처를 주는 그 한 명에게 오히려 먼저 주려고 노력한다. 진심이 쌓이면 상대방도 언젠가 변한다. 아니 꼭 180도 변하지 않더라도 그 전보다 훨씬 좋아진다. 전생에 내가 그에게 진 빚이 있다고 생각하면 조금은 마음이 덜 아프다. 때론 바보가 되는 것도 좋은 처신 방법이다.

"화 내지 마시라. 화내는 사람이 언제나 손해를 본다오. 화내는 자는 자기를 죽이고 아무도 가까이 오지 않아서 늘 외롭고 쓸쓸하다오"
-김수환 추기경

사람들은 자기보다 상대가 잘나면 우선 기분이 나쁘다.

못난 사람이 좀 거슬린 말을 했을지라도 이내 참는다. 하지만 잘 난 사람이 대수롭지 않은 얘기를 하면 크게 화를 내는 경우를 심심찮게 보고 있다.

아침 테니스장에서 수십 년간 계속 운동을 하고 있지만 지금까지 크게 다툰 사람들이 없다. 그 비결은 눈높이를 낮추고 먼저 주려고 하기 때문이다. 청소도 먼저 하고 줄도 긋고 특히 가끔 밥도 산다. 여기서 빼놓을 수 없는 것이 남의 얘기를 하지 않거나 좋은 얘기만 하도록 노력

한다는 것이다.

　그리고 화나는 일이 있으면 좋은 스매싱 찬스가 올 때 사정없이 갈긴다. 간혹 너무 세게 쳐서 아웃되는 경우도 있지만. 한데 말이 쉽지 이런 것들을 계속 실천하기가 쉽지 않다. 인내가 요구된다.

　법륜 스님도 이 문제를 거론하셨다.

　온갖 스트레스를 그때그때 바로 풀려고 하지 말고 좀 거리를 두고 관망해 보라는 가르침이다. 백 번 천 번 지당하신 말씀이다.

　화! 잘 다스리면 반드시 보응(報應)이 온다. 건강과 행복은 덤이다.

걷는 것을 멈추면 인생도 스톱이다

여러 운동 가운데 걷는 것만큼 좋은 것이 없다고 한다. 우선 값비싼 장비가 필요한 것이 아니고 다른 운동에 비해 돈도 들지 않는다.

요즘은 스마트폰 안에 만보기 앱을 깔아 하루 걸음 수를 스스로 잴 수 있다.

나는 매일 아침 산행으로 걷기를 시작하는데 얕은 산이라 왕복 6천 보 가량 된다. 만 보에서 부족한 부분은 지하철을 이용하거나 가까운 거리는 걸음으로써 채운다.

문제는 매일 매일 꾸준히 해야 하는데 이것이 어렵다. 아침 산행 때마다 느끼는 것이지만 만나는 사람만 늘 그 장소에서 만난다. 하루만 보이지 않아도 염려가 된다.

비가 오나 눈이 오나 일편단심 걷기를 한다면 일단 건강수명은 보장받았다고 하겠다. 그러기에 걷기는 만병통치약이라 할 수 있다.

운동 후 샤워를 끝내고 하루를 시작하면 가뿐하고 상쾌하다. 업무에 대한 생산성이 올라간다. 덩달아 실적도 올라가고 직급도 따라 올라간다.

이 땅을 떠나는 그 순간까지 땅을 내디딜 수만 있다면 이 또한 성공한 인생이라 할 수 있겠다. 걷기는 일단 벌떡 일어나 집 대문을 박차고 나오는 것이 중요하다. 괴로울 때나 즐거울 때나.

걷다 보면 온갖 상심은 다 없어지고 산속의 상쾌한 공기를 마시다

보면 어느새 행복 모드로 바뀐다.

　게으름을 피우다가 늘 병원 신세를 지지 말고 열심히 걷기를 추천한다. 병원비를 아껴 돈도 벌고 건강한 육체를 유지할 수 있으니 그야말로 일거양득이다.

　걷기는 멋지게 늙어가는 여러 가지 삶의 기술 가운데 앞 순위에 넣어야 할 중요한 요소이다.

　오늘도

　내일도

　날마다 걷자.

　걸으면 복이 덤으로 오기 때문이다.

쾌면 그리고 낮잠

"잠이 보약이다"라는 말이 있다.

내 친구들 가운데 한 명은 자기는 머리만 누이면 곧바로 잠이 들어 아침 제시간에 깬다고 한다. 금방 잠들기 어렵고 밤중에 한 번은 화장실에 가는 나는 그 친구가 그렇게 부러울 수가 없다.

쾌면은 쾌식 그리고 쾌변과 더불어 건강한 삶에 꼭 필요하다. 이른바 3쾌이다.

나이 들면 전립선이 비대해져 밤에도 한두 번 일어나 소변을 보기 때문에 수면의 질이 대부분 좋지 않다.

그래서 노인들은 부족한 잠을 보충하기 위해 낮잠을 자 주어야 한다.

흔히들 점심 식사 후 짧은 오수는 집중력을 강화하고 건강에도 좋다고 알려져 있다. 남녀노소 불문이다.

문제는 시간이다. 한 시간 이상의 긴 낮잠은 심혈관 질환의 발생 가능성을 30% 이상 높인다는 연구 결과가 나왔다고 한다.

가끔, 낮에 너무 긴 잠을 자고 난 후 그날 저녁에 잠을 설쳐 그 다음 날 컨디션이 안 좋았던 기억이 있다.

특히, 65세 이상 노인들에게 한 시간 이상의 낮잠은 심혈관 질환, 조기 사망 위험이 있다니 명심할 일이다. 남성보다 여성이 더 민감하게 나타난다고 한다.

한편, 30분 이내의 낮잠은 이러한 위험이 거의 없다고 하니 새겨 둘 일이다.

수면은 수명과도 관련이 있다.

제 시간에 충분한 양질의 수면은 건강수명을 연장하고 삶의 질도 높일 수 있을 것이다. 짧은 낮잠은 적극적으로 권장할 사항이다.

건강, 예방이 최고다

알면서도 잘 지켜지지 않는 것이 있다. 건강이다.

"건강은 건강할 때 지켜라"라는 평범한 진리를 귀에 못 박힐 정도로 들어 왔지만 병이 나고서 치료하는 것이 보통이다.

그 때는 이미 늦다.

현대의학은 크게 치료의학과 예방의학으로 나뉜다. 이미 발생한 질병을 치료하는 것이 치료의학이고 예방의학은 질병 발생을 예방하는 데 목적을 두고 있다. 자연적으로 예방의학의 관심이 높아지고 있다.

예를 들어 국민병이라 할 수 있는 고혈압, 당뇨의 경우, 발병 전 단계에서 조심해야 하는데 그냥 지나친다.

심지어 국민건강보험공단에서 1년에 한 번 실시하는 정기검사에도 응하지 않고 해를 넘기는 사람이 많다고 한다.

각종 예방주사도 마찬가지다. 독감, 폐렴, 대상포진 등의 질병은 예방주사를 맞으면 좋다. 그런데 현재 건강하다면 대개 관심이 떨어진다.

얼마 전 대상포진에 걸려 고생한 적이 있다. 말로만 듣던 병을 직접 앓으면서 예방주사를 맞지 않은 것을 크게 후회했다. 한 번에 약 10만원 정도 들어가 좀 부담이 되지만 중년 이후 아직 접종하지 않았다면 꼭 맞을 것을 부탁하고 싶다. 걸리고 나서 후회하면 늦다.

일본에 1년간 유학하면서 그들이 우리보다 오래 살고 특히, 건강수명이 긴 것에 대해 관심이 많았다. 여러 가지 요인이 있겠지만 직접 눈으로 확인한 것이 두 가지다.

첫째가 예방이다. 지진, 태풍 등 각종 재해를 평소 철저히 대비한다. 마찬가지로 건강관리도 예방의학을 실천하고 있다. 동네 병원은 노인들로 늘 북적이고 있다. 미리 검진을 받으려는 사람들이 대부분이다.

둘째가 자전거 타기이다. 남녀노소 불문하고 자전거를 중요한 교통수단으로 이용하고 있다. 다리근육이 튼튼해지고 덩달아 신체 전반이 좋아진다.

그리고 동네마다 이곳저곳에 자리 잡은 치과를 이용하여 치아도 예방 차원에서 관리하는 사람들이 늘어나고 있다. 이러다 보니 우리나라보다 건강수명이 약 10년 정도 길다.

한편, 건강에 대해 너무 과민해도 문제다.

요즘, 공중파나 케이블TV, 유튜브에서 의학 정보를 다루는 프로그램이 우후죽순으로 생기다 보니 건강염려증 환자가 늘고 있다.

과유불급이다.

우리나라 국민의 사망 원인은 남녀 통틀어 암, 심장 질환, 뇌출혈, 폐렴 등이다. 이 가운데 심 뇌혈관 질환은 아래 생활 수칙을 잘 지키면 어느 정도 예방할 수 있다. 눈여겨 봐두고 실천해야겠다.

나이 들면 누구나 이 세상을 떠나지만 건강하게 살다가 천수를 다 하고 간다면 얼마나 좋겠는가.

한마디로 좋은 음식을 먹고 적당히 운동하여 적정 체중을 유지하고 매사 긍정적으로 살아간다면 건강은 보장된 것이리라 생각한다.

하여간 건강은 예방이 제일이다.

심뇌혈관 예방 관리를 위한 9대 생활 수칙

1. 담배 끊기

2. 술은 하루 한두 잔으로 줄이기

3. 싱겁게 먹으며 채소와 생선 섭취하기

4. 적절한 운동 하기

5. 적정 체중 유지하기

6. 스트레스를 줄이고 즐거운 마음 가지기

7. 정기적으로 혈압, 혈당, 콜레스테롤을 측정하기

8. 고혈압, 당뇨, 고지혈증이 있다면 꾸준하게 치료하기

9. 뇌졸중, 심근경색 발생 시 즉시 병원에 가기

자료 : 국내 심뇌혈관질환관련 학회와 질병관리청이 공동 개발

건강수명과 자산수명

100세 시대라는 말이 더 이상 새롭지 않게 되었다.

재생의학이나 줄기세포기술 등의 발달로 인간의 수명이 획기적으로 늘어날 것으로 보고 있다. 성경의 예언대로 120세 까지 사는 시대가 올 것으로 전망하고 있다.

실제로 우리 주위에 구십을 훨씬 넘기고도 정정하게 활동하는 분들을 심심찮게 보고 있다.

문제는 건강이다. 골골하면서 오래 살면 그것은 곧 재앙이다.

건강수명은 신체적, 정신적으로 건강한 삶을 유지하는 기간이다.

한국인의 건강수명(2019년 현재)은 평균 64.9세로 생애 마지막 17.5년은 건강문제로 활동에 제약을 받으며 살게 된다고 하니 고통 수명이나 마찬가지이다. 평균수명이 비슷해지고 있는 일본의 평균 건강수명이 73세인 것에 비해 상당히 떨어지고 있다.

그래서 요즘은 은퇴 이후 어떻게 건강하게 살지에 대한 관심이 증가하고 있다. 흥미로운 것은 전문가들이 "오래 건강하게 살기 위해 꾸준히 외출하고 사람들과 교류할 것"을 권장하고 있다는 점이다. 사회 참여빈도가 건강수명에 지대한 영향을 끼친다는 것이다.

이를테면 정기 친교 모임, 종교 활동, 봉사, 취미생활 등을 통해 외부활동을 하면 생기가 솟는다. 또한, 여가 활동이 많을수록 기억력 감소가 적고 대화를 많이 나눌수록 치매 발생률이 낮아진다고 한다.

그런데 현실은 그렇지 않다. 노후는 생각만큼 멀지 않고 생각보다 짧지 않다. 대개 은퇴하거나 일을 하지 않으면 외출과 교류의 빈도가 급격하게 줄어들 수밖에 없다. 이제는 생각을 바꾸어야 한다.

될 수 있으면 밖으로 나가야 한다. 움직일수록 병원비도 적게 들고 건강수명을 늘려나갈 수 있기 때문이다.

그것이 나와 가족 그리고 국가를 위해서도 필요하다. 99세까지 88하게 사는 것은 욕심일지모르나 노력여하에 따라 가능하리라 생각한다.

한편, 건강수명을 견인하는 중요한 또 하나의 개념이 바로 자산수명이다. 이는 필요한 만큼의 생활비를 지속적으로 조달할 수 있는 기간을 뜻한다.

다른 선진국에 비해 우리나라 노인들의 행복도가 떨어지는 가장 큰 요인이 바로 돈이다. 그들은 은퇴 후에도 충분한 연금을 받아 생활하는 데 아무런 불편이 없다. 반면에 우리 베이비부머를 비롯하여 대부분 노인은 자식 교육, 부모부양 등으로 미처 은퇴준비를 못 했다.

"가난은 나라님도 구제할 수 없다"라는 말이 전해오고 있다. 물론 최저 생활에 대한 안전장치를 정부에서 지원하고 있지만 인간답게 사는 데에 까지는 책임을 질 수 없다.

우선 있는 돈이라도 죽을 때가지 잘 관리하여 비참한 노후를 초래하면 안 된다. 자식이 제일 문제이다. "안주면 쫄려 죽고 다 주면 굶어 죽는다"라는 우스개가 있다. 맞는 말이다. 정 떼기가 참으로 어렵지만 최소한의 자산은 지켜야 한다. 그 길이 본인도 살고 자식도 사는 길이다.

어떻게든 최대한 자산수명을 늘려 노후에도 경제적 빈곤을 최대한 막아야 한다.

좀 더 나아가 안전위주로 하되 노후자금의 투자 패러다임을 바꿀 필요가 있다. 무조건 은행에 예금만 할 것이 아니라 장기적으로 확실한 투자를 조심스럽게 생각할 필요가 있다. 은행예금은 사실 제로금리에 가깝고 앞으로는 선진국들처럼 예금자에게 예치수수료를 받을 것이기 때문이다.

우리도 노력하면 선진국의 노인들처럼 행복하게 살 수 있다. 적극적으로 움직이고 있는 돈을 잘 관리하면 건강수명과 자산수명을 늘려나갈 수 있다.

"오는 병은 친구로 삼으라"라는 말이 있다. 국민병이라 할 수 있는 고혈압이나 당뇨는 관리를 잘 하면 된다. 오히려 이를 인해 더 건강하게 장수하는 사람이 많이 있다.

자산수명도 마찬가지이다. 최대한 절약하고 부족하면 일을 해서라도 보충하면 된다. 걱정만 한다고 돈이 불쑥 생기는 것이 아니다. 있는 돈 잘 관리하고 내 주머니에 쓸 수 있는 돈을 최대한 길게 가져가는 것이 자산수명을 늘리는 비결이다. 너무 복잡하게 생각하지 말자.

결국, 자산수명을 늘리는 것이 건강수명을 늘리는 것이다.

한 동안 이 주제를 놓고 고민을 많이 했다. 정답을 찾기가 어려운 주제이기 때문이다. 사람마다 행복의 기준과 인생관이 다 다르니까.

돈이 문제이긴 한데 주위를 살펴보면 있는 사람은 있는 대로 걱정이 많고 없는 사람도 마찬가지다.

돈이 좀 부족하더라도 남에게 빌리지 않는다면 괜찮으리라 생각한다. 대신에 건강은 본인의 노력여하에 달려있으니 꾸준히 챙겨야 한다.

인생사 너무 어렵게 고민하지 말고 들의 풀처럼 자연의 섭리에 따라가면 그곳에 정답이 있으리라 생각한다.

'나잇값'을 생각하며

육십의 중반을 넘어 칠십을 바라보니 참으로 세월이 빨리 흘러감을 피부로 느끼게 된다.

구십이 넘은 어느 철학자 왈,

"육십이 넘어서면 육십 하나 둘 셋 순서대로 나이를 먹는 것이 아니라 육십 하나 셋 다섯 등과 같이 한두 해를 성큼성큼 건너뛴다"라고 한다.

팔순이 넘은 우리 테니스 동호회원은 올해 달력 한 장을 떼는 순간 벌써 한 해가 다 지났다고 푸념을 늘어놓았다.

그만큼 세월이 빠르다는 얘기일 것이다.

의학적인 관점에서 보면 허리나 관절은 흐르는 세월에 의해 굳어지지만 머리는 노력 여하에 따라 젊은이 못지않게 유연해질 수 있다고 한다.

나이든 뇌가 나잇값을 할 수 있다는 것이다.

한편, 나이가 들수록 머리가 잘 돌아가지 않고 굳어지는 사람도 있다.

그 때문에 고집을 부리고 자그마한 일에도 성질을 내는 등 나이 든 사람으로서 나잇값을 제대로 하지 못하고 헛나이를 먹은 꼰대를 종종 볼 수 있다.

나도 예외는 아닐 것이다.

요즘 나이 드는 것이 못마땅해 자꾸만 나이를 줄이고 싶어진다. 어떤 때는 우리식의 나이 셈법이 아닌 만 나이로 쳐서 두어 살 줄여서 말할 때도 있다.

어떻게든 나이 드는 것을 막아 보고자 하지만 이 또한 일시적인 방편이란 것을 이내 알아차린다.

남아있는 세월은 머리가 굳어지지 않도록 뇌를 잘 다스려 나가야 하겠다.

그래야 제대로 나잇값을 할 수 있을 테니까.

건강에 관한 소고

    오늘 아침 KBS 2TV '여유만만' 코너에 팔십이 넘은 탤런트 김성원 씨가 출연했다. 당뇨 관리를 잘한다고 여러 번 얘기를 들었지만 벌써 50년간 당뇨와 싸우고 있다니 정말 대단하다. 그는 요즘도 파주에서 하루 2시간 반 동안 걷는다고 한다.

    이른바 치병장수(治病長壽), 즉 병을 다스려서 장수한다는 말이다. 그런데 요즘 의사들 가운데 많은 이들이 장수비결을 다르게 표현하고 있다.

    '일병장수(一病長壽)'가 그것이다.

    즉, 한 가지 병을 친구삼아 잘 다스리면 건강에 관심이 높아 더 장수한다는 것이다.

    요즘 70~80대 노인치고 약봉다리가 4~5개 안 되는 분이 없다고 한다. 그만큼 여러 가지 병이 찾아와 힘들게 싸우고 있는 것이다. 이웃 나라 일본은 우리나라보다 노인천국이 된 지가 오래이지만 건강수명은 우리보다 약 10년 정도 길다고 한다.

    건강하게 오래 오래 재미있게 사는 것이 우리 모두의 희망이리라. 하지만 아무리 노력해도 '생로병사'의 큰 틀을 인간이 깰 수 없는 것이다. 누구나 다 가는 것이기에 공평하다. 다만 조금 빨리 아니면 늦게 갈

뿐이다.

요새는 워낙 질병에 대한 정보가 발달하여 웬만한 병의 치료방법은 다 알고 있다. 문제는 실천이다.

하지만 그 실천방안들이 하나같이 쉬운 게 아니다.

오늘 방송을 들으며 솔깃한 표현을 되새겨 본다.

첫째, 환자도 공부하고 실천하라.

백 번 천 번 맞는 말이다. 우리나라 대학병원의 특징이 3시간 대기에 3분 진료라는 말이 있다. 이런 현실에서 김성원씨는 의사와 면담하기 전에 꼼꼼하게 적어 당일 의사를 괴롭힌다는 것이다. 그리고 그는 여러 방법으로 질병인 당뇨를 공부하여 당뇨박사가 되었다.

둘째, 당장 차를 팔아라.

먹는 것만큼 걷기 위해서는 버스, 지하철을 이용하라는 것이다. 말은 쉬운데 요즘 같은 교통지옥에 자가용을 팔기가 쉽진 않다. 억지로라도 걷고 그리고 운동을 하라는 말로 들린다. 남자는 특히, 허벅지 근육이 튼튼해야 질병을 이길 수 있다고 한다. 그러려면 걷기가 최고이고 자기 몸에 맞는 운동을 꾸준히 하는 것이 최 상책이라 여겨진다. 사실 이것도 매일 실천하기가 쉽진 않다.

셋째, 음식조절을 잘 하라.

우리 주위에 많은 음식이 당뇨를 비롯하여 여러 질병에 좋지 않은 것들이 있다. 특히, 당뇨는 합병증이 무서운데 대개 음식을 조절하지 못해 병을 악화시킨다고 한다.

현미밥, 채소 등 자연식품으로 식단을 짜는 것은 주로 주부들의 몫이다. 그래서 당뇨는 현명한 아내와 주치의 그리고 당뇨 친구인 본인, 이 셋이 잘 지내야 성공한다고 한다.

요즘 나도 혈압에 대해 걱정이 많다.

매년 해오던 정기검진에서 140/90 내외로 혈압이 안정적이었으나 나이 들어 플러스 10이 오르락내리락하고 있다. 지난 1년여 동안 가까운 동네 의원에서 혈압약을 처방받아 복용해 왔다. 그런데 이번 신체검사에서 약을 3개월 끊어보자고 한다.

걱정되어서 집에서 혈압을 재고 있다.

책상에는 고혈압 치료에 관한 책이 세 권 있다.

- 「고혈압 치료 나는 혈압약을 믿지 않는다」(선재광)
- 「고혈압 3개월에 약 없이 완치하기」(유태우)
- 「고혈압약을 버리고 밥을 바꿔라」(황성수)

이 책들을 읽어 보니 하나같이 고혈압약은 치료약이 아니라는 것이다. 최악을 면하기는 해도 근본 치유책이 아니므로 음식조절, 운동 등을 통해 관리해 나가야 한다는 것이다.

인간의 행복이 거창하게 무엇을 달성해서 있는 것이 아니라 평소 늘 하는 습관 속에 스며있다고 한다.

오늘 아침은 그런 의미에서 이것저것 하는 한 가지 한 가지가 더욱 소중하게 생각된다.

남은 세월은 늘 이웃에게 베풀며 살자고 다짐했다.

나에게 먼저 베풀어야 함은 물론이다.

이미 온 고혈압 친구와 앞으로 올 친구들과 사이좋게 잘 지내자는 다짐을 이 아침에 해본다.

범사에 감사하라

우리는 살아가면서 모든 것이 감사할 요소임에도 더 가지고 싶어 늘 불평불만으로 가득 차 있을 때가 많다.

어릴 때, 할아버지의 뽀얀 쌀밥을 물끄러미 쳐다보면서 침을 꿀꺽 삼킨 기억이 난다. 쌀밥 한 번 실컷 먹어 봤으면 하는 것이 소원이었다. 살아가면서 점점 욕심이 커져서 이젠 웬만한 것은 양에 차지 않는다.

우리 주위에는 온전하지 않은 몸으로 태어난 사람들이 많다. 후천적으로 사고를 당해 불구가 된 사람도 많이 있다.

그저 삼시 세끼 밥 잘 먹고 사지가 멀쩡한 것만도 감사할 일이다. 산에 올라가면 온 땅이 내 것 같고 중간중간에 설치된 운동기구로 근육 운동을 하고 나면 재벌이 부럽지 않다.

그러니까 감사
그럼에도 감사
그럴수록 감사
그것까지 감사

뜻하지 않게 병마도 찾아온다.

하지만, 아는 병은 병이 아니라고 했다.

잘 치료해 나가면 그것으로 인해 더 장수하게 된다고 한다. 그래서 오는 병은 친구로 삼으라는 말이 있는가 보다.

비가 오는 날씨에도 늘 가는 뒷산을 찾았다.

운동은 덤이요, 기분까지 상쾌하다.

노년에는 근육 운동이 꼭 필요하다고 한다.

물론 하루 한 30분 정도 걷는 것도 좋단다.

하루하루 건강하게 살다가 하늘의 부름에 따른다면 성공한 인생이 아니겠는가.

범사(凡事), 즉 모든 것에 감사하는 마음과 더불어.

거꾸리머신으로 아침 운동을 마무리하다

거꾸리머신은 양쪽 발을 걸어 완전히 거꾸로 넘어지는 운동 기구이다. 뒷산 입구에 여러 가지 운동기구 가운데 가장 인기가 있다. 어떤 땐 차례를 기다려야 한다.

거꾸리머신은 다음과 같은 효능이 있다고 한다.

> "몸을 펴주며 디스크를 늘려 주어 관절을 유연하게 해주고 신체의 모든 근육을 풀어 준다. 그리고 온몸의 혈액순환을 도와주며 수면 장애와 디스크를 예방하는 데 도움을 준다."

실제 4~5분 정도 거꾸로 매달려 있으면 시원하다 못해 잠까지 올 기분이다. 처음에는 무서워서 건너뛰었는데 요즘은 마무리 운동기구로 내게 없어서는 안 될 기구이다.

난 여러 운동 기구를 차례대로 하고 거꾸리 순서를 맨 나중에 넣는다. 왜냐하면 몸 전체의 피로를 풀어 주고 피가 잘 돌아가는 느낌을 받기 때문이다.

뒤로 매달려 있으면서 두 가지를 늘 습관적으로 한다.

첫 번째는 일본어를 암송한다. 그날 배운 회화를 비롯하여 숫자를 세 가지 타입으로 읽는다. 늘 반복하다 보니 완전히 내 것으로 되었다.

그리고 두 번째는 오늘 해야 할 일들을 곰곰이 생각해 본다.

알찬 하루를 위해 잠시 생각해 보는 데 많은 도움이 된다.

늘 인생을 너무 올바르게 살아가려고 노력하다 보니 유도리가 없이 살아왔다.

때론 바보같이 살아보는 것도 좋으련만 사회적인 규범에 따라 살아가려다 보니 너무 재미없게 살아왔다.

이젠 거꾸리같이 좀 세상을 거꾸로도 살아보고 싶다.

하루 놀고 하루 쉬는 은퇴자에게 옛날 같은 범생의 삶은 지양해야 할 것으로 생각한다.

실제 농장에서 일하고 낮에도 막걸리 한 잔을 걸치면 기분이 좋다. 이어 한 30분 낮잠을 자고 나면 상쾌하다.

이런 것이 사는 게 아닐까.

은퇴자에게 거꾸로 살아보는 것은 특권이다.

거꾸리머신을 타고나면 온몸에 피가 잘 돌듯이 남은 인생살이도 유유자적하게 지낼 수 있는 지혜를 얻을 수 있으니까.

공부편

'공부' 전도사

전도사(傳道師)는 기독교에서 갓
신학대학을 졸업하고 교회에서 받
는 호칭이다. 이러한 전도사라는
명칭이 다른 명사와 더불어 사용될
때가 있다. 이를테면 웃음전도사,
행복전도사 등이다.

여기에 하나 더 추가하면 공부
전도사도 있겠다. 사실 인간이 살
아가면서 죽을 때까지 배워도 다
못다 배우는 것이 공부다.

공자는 일찍이 학이시습지불역열호(學而時習之不亦說乎) 즉, "배우고
때때로 익히면 또한 기쁘지 아니한가"라고 논어 첫 장에서 언급하였다.

평생 공부를 강조한 공부 원조 전도사인 셈이다.

그런데 좁은 땅에서 많은 사람이 살다 보니 이러한 순수한 의미의
공부가 경쟁의 도구로 전락하고 말았다.

좋은 학교나 직장에 들어가기 위해 시험을 통과해야 하니 공부를 해
야만 했다. 대부분 암기하고 풀어내는 문제인데 통과만 하면 되는 가
짜 공부인 것이다.

하도 이 과정이 혹독하고 힘들다 보니 좋은 직장에 들어가면 책과 담을 쌓고 일평생 살아가는 경우가 대부분이다.

이런 상황에서 이웃에게 공부를 전도하기란 쉽지 않다.

돌이켜 보니 나도 동료들이나 이웃 사람들에게 공부를 계속하라는 전도를 쉼 없이 해왔다.

고등학교를 나와 입사한 친구들에게는 대학과정을, 대학을 나온 이들에게는 대학원 과정을 마치라는 권유를 해서 성과를 거둔 경우가 더러 있었다.

그런데 진짜 공부를 편하게 할 수 있는 은퇴 이후 공부는 전도할 엄두를 못 내고 있다.

국가공인 노인이 된 주위 친구들에게 눈이 침침하여 읽던 신문도 끊는 마당에 뭔 공부냐고 핀잔을 듣는 경우가 많아졌다.

심지어 내게 어떤 친구들은 경영학박사에 대학교수를 거치고 유학까지 갔다 왔으니 이제 그만하고 골프나 같이 치자는 진심 어린 충언을 해오고 있다.

이러니 요즘 교회에서 새 식구를 전도하기가 '하늘의 별 따기' 만큼 힘들듯이 공부 전도를 하기가 어렵다.

내 경우는 돋보기안경을 끼고 책을 보지만 공부(?)하는 시간이 너무 좋다. 매일 일본어를 공부하는 데 새로운 단어나 표현을 익혀 나가는 것이 또한 즐겁다.

글을 통한 공부뿐만이 아니다.

색소폰, 기타, 오카리나, 장구 등 악기 연주와 테니스, 골프, 댄싱 등을 통한 놀이 공부도 인생의 멋을 더할 수 있어서 좋다.

큰돈이 들어가지도 않는다. 말 그대로 '소확행'의 기쁨을 맛볼 수 있다.

배움 즉 공부의 덕분이다. 이것도 여러 사람에게 전도를 해왔으나 이런저런 핑계를 대며 거절하는 경우가 많았다.

그런데도 나는 이 땅을 떠날 때까지 배움의 길을 멈추지 않으려 한다. 그리고 공부의 진정한 의미를 이웃에게 전도하는 공부 전도사로서의 직분도 충실히 이행하려고 한다.

그것이 창조주가 내게 맡긴 사명이라 여기기 때문이다.

자기계발에 대하여

"잠재하는 자기의 슬기나 재능, 사상 따위를 일깨워줌" 자기계발(自己啓發)에 대한 뜻풀이다. 인간은 일생동안 배우고 익혀 나가야 한다. 그래야 발전이 있다.

시중에 자기계발과 관련된 정보나 내용을 담은 책이 쏟아져 나오고 있다.

우리나라 주부들의 66% 이상이 자기계발을 위해 무언가를 하고 싶어 하지만 실제 활동을 하는 주부들은 27.8%에 그치고 있다고 한다.

한편, 직장인들도 자기계발을 위해 노력을 하고 있다.

'셀러던트(Salaried student)' 즉, 직장에 다니면서 자기계발에 힘쓰는 공부하는 직장인이 늘어나고 있다. 얼마 전 아주경제의 조사에 의하면 직장인 10명 중 4명은 일과 학업을 병행하는 셀러던트인 것으로 조사되었다.

여기에 선봉 역할을 하고 있는 것은 여성이다. 그들은 직장 내에서의 차별을 실력으로 극복해야 한다고 생각해 남자들보다 자기계발에 더 많은 공을 들여왔다. 개중에는 점심형 인간도 있다. 짧은 점심시간을 활용하여 인맥을 관리하거나 자기계발을 위해 노력하는 직장인들이다.

필자의 직장생활 40년을 돌이켜보면 자기계발도 양면이 있음을 회고해 본다. 고등학교를 나와 용케 농협에 입사하여 자기계발을 위해 혼신의 노력을 다 한 결과, 많은 열매를 맺었다. 우선 야간대학을 거쳐 고려대, 경기대에서 경영학석사와 경영학박사 학위를 취득했다.

그리고 서금요법사, 중등학교 2급 정교사 등 자격증 취득과 악기(색소폰, 오카리나, 기타)연주와 테니스, 골프, 스포츠댄싱, 등산, 라이딩 등 취미생활로 폭을 넓혀 왔다. 또한, 틈틈이 일본어를 공부해 온 덕분에 꿈에도 그리던 일본 동경학예대학에 외국인 연구자의 자격으로 유학까지 갔다 올 수 있었다.

명예퇴직하고 한참 지난 요즈음, 지난날을 회고하며 반성할 때가 있다.

자기계발을 위해 시간을 쪼개서 열심히 일하고 공부도 했지만, 주위 동료들의 시선을 잘 의식하지 못했다.

우리 속담에 "자기가 기쁘면 남들도 기쁜 줄 안다"라는 말이 있다. 남의 사정을 아랑곳하지 아니하고 모든 것을 자기중심적으로만 생각하는 것을 이르는 말이다.

"사촌이 논 사면 배가 아프다"라고 했다.

"열심히 일하고 여별의 시간을 이용해서 노력했다"라고 할 수 있다.

하지만 상대방은 그렇게 생각하지 않는다. 물론 배가 아파 시기하는 사람도 있고 때로는 업무를 소홀히 하여 미워하는 사람도 있다.

여기서 아직도 직장에 남아 일을 하는 분들을 위해 팁을 하나 제시하겠다. 자기계발을 위해 무언가를 하려면 사무실 동료들에게 평소보다 두 배 이상 무조건 잘해야 한다.

밥도 사고 선물도 해서 고마움과 미안함을 표시해야 한다.

내 경우, 이러한 기본적인 것을 다소 소홀히 하였다.

평소 그 누구에게 손해를 끼치거나 나쁜 얘기를 별로 하지 않았었다. 그런데도 무조건 베풂의 법칙을 지키지 않아 많은 어려움을 겪었다.

훗날 이것이 승진에도 영향을 미쳤다. 아니 할 말로 실력이 있어도 아래위로 잘하는 인간미가 넘쳐야 조직에서 승승장구하는 것이다.

주위에 최고책임자들을 보시라. 그들은 무엇인가 윗사람에게 잘 한다. 소위 멋지게 아부를 한다. 인간관계가 좋다는 말이다. 심지어 이들 가운데 일부는 자기계발을 포기하고 윗사람의 비위를 맞추기 위해 온 힘을 다 바친다.

꼭 이런 부류를 따르라는 얘기는 아니다. 제일 좋은 것은 자기계발을 하면서 틈틈이 이런 인간관계를 위해 관심을 가지라는 것이다.

양수겸장을 치면 좋으련만 현실적으로 쉽지는 않다.

요즘 직장에 들어가는 많은 젊은이가 몇 년을 버티지 못한다고 한다. 다 이러한 인간관계 때문이다.

100세 시대이다.

당연히 인생 1모작에서 일하는 동안 인생 2모작을 위해 자기계발의 노력은 필수이다.

이렇게 결론을 내리고 싶다.

"젊은 직장인들이여, 자기계발을 위해 최선을 다하라.
그리고 직장일과 이웃 동료들에게도 최선을 다하라."

그리하면 영광스런 명예퇴직과 멋진 인생 2모작이 기다리고 있을 것이다.

모죽을 생각하며

모죽(毛竹)이라는 대나무가 있다.

이 대나무는 씨를 뿌리고 나서 물을 주고 아무리 정성껏 돌봐도 5년 동안 싹이 나지 않는다고 한다.

그러다 5년이 지난 어느 날부터 느닷없이 쑥쑥 자라나기 시작해서 하루에 80cm씩 거침없이 키가 커서 높이가 30m 정도까지 올라간다니 대단하다.

하도 이상해서 땅속을 파보니 모죽의 뿌리가 땅속 깊이 박혀 합친 길이가 무려 4km에 이르렀단다.

모죽은 5년 동안 자라지 않은 것이 아니라 땅속으로 깊이 파고들어 치열하게 내공을 다지고 있었던 것이다.

모죽은 우리에게 많은 것을 가르친다.

무엇이나 금방 결과를 보려는 조급함에서 벗어나 기다릴 줄 아는 지혜를 얻으라고.

은퇴 이후에는 더더욱 마음이 조급해질 수 있다.

나이가 급속도로 빠르게 먹고 준비한 자금이 적을 경우, 성급하게 사업에 투자하거나 주식, 고위험 펀드 등에 가입하여 큰 손실을 보고 주저앉는 사람들을 종종 볼 수 있다. 참으로 안타까운 마음이 든다.

공부나 취미활동도 마찬가지다.

내 경우, 일본어 공부를 본격적으로 시작한 지 이제 2년이 지났다. 지난 2~30년간 띄엄띄엄 한 것은 놔두고 매일매일 서너 시간은 투자해 왔다. 일본 현지에 가서 1년 동안 빡시게 공부도 해봤다.

그런데 아직이다. 적어도 5년 정도는 더 노력해야 조그만 결실을 볼 수 있을 것 같다.

그래서 아침부터 일본어 공부와 함께 하루를 연다.

한편, 취미활동도 마찬가지다.

내가 좋아하는 테니스, 골프, 스포츠댄싱 등 스포츠는 꽤 오랜 세월 동안 공을 들여야 한다. 그리고 색소폰, 기타, 오카리나, 장구 등도 초기단계에서 인내를 요구한다.

'코로나19'로 인해 돈 버는 일에는 서툴지만 재미있게 노는 데에는 이골이 났다. 물론 큰돈이 들지 않는 범위 내에서이다.

노년에는 건강을 지키는 것이 뭐니 뭐니 해도 제일 중요하다. 돈 좀 더 벌려고 하다가 건강을 잃으면 아무 소용이 없다.

열심히 운동하고 재미있게 취미활동을 하면서 살아간다면 노년에 뭘 더 바라겠는가.

물론 봉사활동도 하고 돈 벌 기회가 있으면 몇 십만 원이라도 벌자. 절대 욕심은 내지 말고.

지내놓고 보니 고통도 다 이겨냈다. 세월이 약이었다.

오히려 그 힘들고 아팠던 시절 덕분에 내가 더 성숙해질 수 있었다.

셰익스피어는 이렇게 말했다.

"고통이여, 괴로움이여, 엎친 데 덮치며 오너라.
그 뒤에는 그만큼의 즐거움이 있으리니!"

인생길에 희로애락을 겪지 않는 사람이 누가 있겠는가.

모죽을 통해 인내를 배운다.

기다림의 지혜를 배운다.

인생을 배운다.

인내는 쓰나 그 열매는 달다

괴로움이나 어려움을 참고 견디는 것이 인내이다. 세상사 다 그렇듯이 무엇인가를 이루려면 인내가 요구된다. 인간 만사가 경쟁의 연속이니까.

사업도 그렇고 공부도 그렇다.

"장사는 아무나 하나"라는 말이 있다.

흔히들 장사꾼이 되려면 간, 쓸개를 집에다 빼놓고 나가야 한다는 말이 있다.

좀 거시기한 표현이지만 "장사꾼의 똥은 개도 안 먹는다"라는 말도 있다. 그만큼 남의 주머니에 있는 돈을 내 주머니로 옮기기가 힘들고 어렵다는 뜻이다.

하지만 역경을 딛고 일어서는 사람에게 부자라는 열매를 딸 수 있는 특혜가 부여된다.

공부 또한 마찬가지다.

어릴 때, 책상 위에 써놓은 문구다.

"인내(忍耐)는 쓰나 그 열매는 달다!"

돌이켜보니 초등학교부터 대학원 박사과정까지 수많은 경쟁을 거쳤다. 중도에 포기할까 하다가 다시 허리띠를 동여매고 매진한 결과 조그만 열매를 맺을 수 있었다.

어느 한 분야에서 성공하기 위해서는 오랜 기간 동안 노력에 노력을 기울려야 한다.

특히, 외국어는 더 인내를 요구한다.

해도 해도 끝이 보이지 않는 외로운 길이지만 가다보면 그 옛날 웃묵(윗목의 경상·전라 방언)에 놓인 콩나물시루에서 노란 콩나물이 쑥쑥 올라오듯이 실력이 늘어난다. 일본어 공부를 해보니 실감이 난다.

인간은 태어나면서 흙으로 다시 돌아갈 때까지 인내의 연속이다. 어쩌면 삶 그 자체가 고통이기 때문이다.

특별히 노년의 삶은 세월이 갈수록 더 힘든 나날이 기다리고 있다. 육체적으로나 정신적으로 나약해져 가니 더욱 인내가 필요하다.

마지막 순간까지 건강하게 지내고 2~3일 앓다가 간다면 얼마나 좋겠는가?

운동과 글쓰기 근육

근육(筋肉)은 힘줄과 살을 통틀어 이르는 말이다. 인간을 비롯한 동물의 운동을 맡은 기관이다. 근육은 인간의 생명과 관련된 중요한 기관이라고 전문가들은 말한다. 만약, 근육이 부족해서 움직이지 못하게 되면 폐렴이나 방광염 등 다양한 질병에 걸리고 결국 사망에 이를 수 있다는 것이다.

특히, 노인들은 하체 근육이 튼튼해야 한다.

근육을 늘리기 위해서는 생선·육류 등 고단백 식품을 챙겨 먹어야 한다. 그리고 빼놓을 수 없는 것이 있다.

바로 걷기와 같은 적절한 운동이다. 인간은 기본적으로 움직여야 하기 때문이다.

"근육이 연금보다 강하다"라는 말이 있다. 그만큼 근육이 강해야 건강을 지킬 수 있고 삶의 질을 높일 수 있는 것이다.

재테크뿐만 아니라 근육 테크를 해야 하는 이유이다.

근육을 기르는 길은 꾸준히 운동하는 것이다.

그런데 운동이라는 것이 쉬지 않고 계속하기가 쉽지 않다.

앉으면 눕고 싶고 누우면 자고 싶은 것이 보통 인간의 심성이다. 과감하게 이를 박차고 움직일 수 있다면 건강한 노후가 보장되는 것이다. 건강수명은 물론 평균수명도 늘어난다.

이러한 근육이 글쓰기에도 적용된다.

뭇사람들의 심금을 울리고 길이 남을 주옥같은 글을 쓰고자 한다면 오랜 시간의 훈련을 거쳐야 한다.

그것은 첫째, 늘 책을 가까이하고 좋은 책을 많이 읽어야 한다.

둘째, 조금씩 조금씩이라도 늘 글을 써 봐야 한다. 일기, 메모, 수필 등 그 어떤 형태로든 상관이 없다.

셋째, 결코 포기기하여서는 안 된다. 인간 삶 그 자체가 어쩌면 고행의 연속인지 모른다. 오르막길과 내리막길을 오르락내리락 하는 것이다.

'인간만사새옹지마'이다.

글쓰기도 마찬가지다. 생사화복(生死禍福)을 얘기하는 것이다.

좋은 글을 쓰기 위해 힘든 길을 걷고 있는 작가들에게 힘찬 박수를 보내고 싶다. 나도 이 땅을 떠날 때까지 이웃에게 용기를 줄 수 있는 좋은 글을 쓰고 싶다.

글쓰기의 비결

글 좀 잘 쓰고 싶다는 사람이 정말 많은가 보다.

글 쓰는 법에 관한 책이 약 삼천 권(2,982권)이 된다고 하니 그럴 법도 하다.

돌이켜 보니 각종 입시를 좌우했던 '국영수' 가운데 제일 자신이 없었던 과목이 국어였다.

책읽기는 좋아해서 도서부원까지 했었는데 이상하게 국어시험은 만족할 만한 점수가 나오지 않았다.

그런데 거꾸로 사회에 나와 지금까지 제일 좋아하는 것이 국어 관련 내용들이다.

참 아이러니하다.

우선 책을 늘 가까이에 두고 새 책에 대한 투자를 아끼지 않는다.

그리고 책이나 신문, SNS 그리고 방송을 시청하면서도 좋은 글이나 얘기가 나오면 즉시 메모를 하는 습관이 있다.

꾸준히 써오는 가계부와 일기장도 글쓰기에 도움이 되고 있다.

뭐 거창한 얘기는 없지만 이런 소소한 나의 노력이 그나마 수필을 비롯한 여러 권의 책을 펴내지 않았나 생각해 본다.

정말로 맛있는 글을 쓰고 싶다.

무엇보다 쉽게 읽히고 거짓 없는 글을 쓰고 싶다.

누구의 글을 참고했을지라도 내 몸속을 거쳐 완전히 소화한 내 글을 쓰고 싶다.

베스트셀러 작가는 못 될지라도 훗날 내가 다시 읽고 싶은 그런 책을 만들고 싶다.

중늙은이의 욕심일까?

그래 너무 조급하게 생각하지 말자.

푹 끓여서 나오는 곰탕처럼 진국의 글이 나올 때까지 읽고 쓰면서 애써 기다리자.

다시 글을 쓰고 있다.

그 내용은 이럴 것이다.

힘겹게 인생 등산길을 오르는 젊은이들에게 용기를 불어넣을 수 있는 마중물이었으면 좋겠다.

그리고 하산 길에 접어든 베이비부머에게 멋진 인생 2모작 농사가 되기를 바라는 마음으로 내 비법(?)을 전하려고 한다.

이 아침에 수학 공식 같은 글쓰기가 아니라 생활 속에서 조금씩 조금씩 늘어가는 모습을 모든 사람과 공유하고 싶다.

말더듬이 조 바이든의 승리를 보고

미국 제46대 대통령선거에서 도널드 트럼프 현 대통령을 꺾고 조 바이든(Joe Biden) 후보가 당선됐다. 3수만에 목표를 달성한 것이다.

바이든은 정치인으로서 비교적 꽃길을 걸었다.

하지만 그의 개인 가정사는 원만하지 못했다.

교통사고로 첫 부인과 딸을 잃었고 훗날 정치 후계자로 생각했던 장남이 뇌종양으로 먼저 세상을 떠났다.

그 본인도 유년 시절 심한 말더듬증을 앓았다. 이를 고치기 위해 조약돌을 입에 넣고 발음 연습을 하는 등 엄청난 노력 끝에 극복하였다고 한다.

이후 고교 시절 학생회장에 출마하여 당선되었고 뒤이어 이립(而立) 30세에 연방 상원의원에 당선되어 내리 7선을 했다. 오바마 대통령 시절엔 부통령으로서 8년간 재직한 바 있다.

나도 말더듬증이 약간 있어서 중고교시절 애로사항이 많았었다.

공부는 잘했지만 말을 잘하지 못해서 늘 우울했었다.

내가 자신 있게 말하지 못하는 것을 보고 그 당시 국어 선생님께서 웅변 교육을 시키셨다.

반공 웅변대회에도 나가고 스스로 필사적으로 노력한 끝에 말더듬 증을 고칠 수 있었다. 아니 말을 잘하는 학생으로 탈바꿈하여 대형교회의 중고등부 학생회장에 당선되기도 했다. 사회에 나와서도 발음 연습과 책 읽기를 통해 훈련을 거듭해 오고 있다. 교수로 재직하면서 강의 최우수 교수상도 받았으니 인생역전을 한 셈이다.

바이든과 같이 정치권으로 나가보라는 권유를 참 많이 받았었다. 김대중 대통령이 설립한 아태평화재단의 정치아카데미에서 정치 수업도 받은 바 있다. 잠시 평통자문위원으로서 적을 둔 적도 있지만 유혹을 뿌리치고 학자의 길을 걸어가고 있다.

'코로나19'와 트럼프의 다소 모난 행동이 바이든의 당선을 도왔다는 의견이 있다.

굴곡진 가정사를 이기고 특히 말더듬증을 극복하여 명연설을 통해 78년 삶의 3분의 2가량을 정계에서 보낸 바이든의 당선을 진심으로 축하한다.

우리나라에도 말더듬증으로 고생하는 사람들이 많이 있다.

이참에 바이든과 같이 노력하면 대통령도 될 수 있다는 사실을 믿고 용기를 가지라는 부탁을 꼭 하고 싶다.

창의적인 인재를 육성해야 한다

캠퍼스가 없는 '미래 통섭대학 미네르바스쿨'에 대한 이야기이다.

이 대학은 수업을 모두 온라인 화상교육으로 하고 7개국을 돌며 문화, 산업을 익혀 나가고 있다. 물론 토론식으로 수업이 진행되며 교수는 약간의 방향만 잡아주는 역할이다. 아울러 기업실습도 병행하고 있다. 이렇게 대학이 변하고 또 앞서 가고 있다. '코로나19'가 발생하기 이전의 얘기이다.

여기서 지난날 우리 교육 현장을 잠시 뒤돌아보자.

초등학교부터 대학원에 이르기까지 선생님이나 교수님들의 거의 일방적인 지식 전달이 전부였다 해도 과언이 아니다.

여기에 암기를 잘해서 시험 성적이 좋으면 일류 대학이나 일류 직장에 합격할 수 있었다. 그러니 혼자서 암기하느라 쓸데없는(?) 시간만 보낸 것이다. 소위 우수한 인재라는 사람들이 이런 과정을 겪었으니 사회에 나오면 대개 독불장군이 되고 조직에 잘 적응하지 못하는 일이 비일비재하다.

이제는 정말 학력(學歷)사회가 아니라 학력(學力)사회로 바뀌어야 한다. 미국 등 선진국은 학벌주의를 접고 창의를 중시하는 경향이 뚜렷하게 나타나고 있다.

우리도 바뀌어야 한다.

자기 전공 분야는 물론 다른 분야와도 교류하는 통합적인 사고방식이 필요하다. 그래야 창의력이 길러진다.

농업 분야에서 성공한 사례이다.

오랜 연구 끝에 네 잎 클로버를 대량 생산하여 스타벅스에 행운을 파는 농부, 홍인원씨(56)의 얘기는 감명을 주기에 충분하다. 커피잔 위에 네잎클로버를 올려 상품화한 스타벅스도 그 아이디어가 빛났지만 농업인의 창의력이 더 돋보이는 대목이다.

창의성은 하루아침에 만들어지는 것이 아니다.

우리는 어떻게 하면 인간들의 삶을 더 편하게 더 안전하게 더 멋있게 할까를 고민해 왔다. 드디어 인공지능(AI) 시대이다. 4차 산업혁명이 일어나고 있다.

인공지능의 시대에는 새로운 지식을 창출하는 사람이 절대적으로 필요하다.

그러기 위해서는 주입식 교육이 아닌 토론식 교육이 필요하고 스스로 생각할 여유를 줘서 경험하고 상상해야 한다고 전문가들은 주장한다. 전적으로 동감이다.

회사의 임직원들을 주 대상으로 하는 내 강의에서도 이 점을 늘 강조한다. 지금까지 학습된 정답이 하나만 있는 것이 아니라 여러 가지 길을 찾아내는 창조적인 사고방식이 필요하다는 것을 역설하고 있다.

삼성전자가 창의적인 아이디어로 세계를 제패했지만 10년 후를 장담할 수 없다. 더 좋은 상품이 세상에 나올 줄 모른다. 제2, 제3의 삼성전자가 이 땅에 나와야 한다.

한 마디로 교육혁명이 일어나야 한다.

대한민국이 사는 길은 사람을 키우는 일이기 때문이다.

늦깎이 젊은 노인의 일본유학 체험기

은퇴 이후에도 내 생애 꼭 이루고 싶은 버킷리스트에 올라온 사항이 많다.

십년 전 나의 버킷리스트에는 아래 다섯 가지가 담겨 있었다.

첫째, 일본어를 유창하게 말하고 쓰기 그리고 일본에서 강의하기
둘째, 댄스스포츠를 능숙하게 추기
셋째, 장구 치며 경기민요를 멋지게 부르기
넷째, 골프, 테니스 계속 하기
다섯째, 바이올린으로 '나그네 설움' 켜기

지금까지 다섯 번째 이외에는 어느 정도 목표를 달성해 가고 있다.

첫 번째로 올린 일본어를 제대로 배우기 위해서는 현지로 유학을 떠나야 하는데 기회가 오지 않았다. 꾸준히 공부를 계속하며 기회를 엿보고 있었다. 그러다가 명예퇴직 이후 귀한 찬스가 왔다.

64세의 적지 않은 나이에 은행 지점장을 거쳐 대학의 교수까지 역임한 이후라 더더욱 결정이 어려웠다.

혹시 나와 같은 생각이 있는 베이비부머가 있다면 참고가 되기를 바란다. "늦었다고 생각할 때가 가장 빠르다"라는 말이 있다. 인생 100세

시대에 결코 늦지 않다. 과감히 떠날 것을 권유하고 싶다.

'코로나19'와 정치적인 문제로 인해 한일 간의 교류가 사실상 끊긴 상태에서 조금 일찍 갔다 온 것이 큰 다행이라 생각한다.

가게 된 동기

"호랑이 새끼를 잡으려면 호랑이 굴로 들어가야 한다"라고 한다. 이런 각오로 국립대학인 동경학예대학(東京學藝大學)의 초청을 받아 외국인 연구자 자격으로 일본유학길에 올랐었다. 우리보다 약 십 수 년 이상 앞서가는 일본에 가면 무엇인가 배울 점이 있을 것으로 생각했다. 찔끔 찔끔 일본어를 배우다 말고 한 것이 수십 년이 넘었다. 꼭 한 번 현지에 가서 배워 보고 싶었는데 그 길이 열린 것이다. 해도 해도 끝이

없는 것이 어학이지만 제대로 외국어 하나를 한다면 프랑스식 중산층의 요소 가운데 한 가지는 달성한 것으로 본다.

"마음속에 뜻을 품고 있으면 언젠가 기회는 온다"라고 한다. 맞는 말이다. 뜻이 있는 곳에 길이 있기 때문이다. 30대 초반 직장인 농협에서 처음 일본어를 접하고 꾸준히 하지 못하다가 박사과정의 제2외국어를 일본어로 정하고 다시 책을 잡았었다.

"일본어는 웃고 들어갔다가 울고 나온다"라고 했던가. 매일 매일 조금씩 단어를 익히고 일본방송을 들어 왔었는데도 끝이 보이지 않아 포기할까 생각했었다.

이즈음에 일본에 가서 공부해 보고 싶은 마음이 늘 있었는데 포럼 활동을 하면서 먼저 다녀온 분을 소개 받아 루트를 열게 되었다. 일본 대학은 철저히 지도교수의 추천을 우선으로 한다. 마침 한국에서 동경 학예대학에 박사과정 중인 학생을 알게 되어 사카구치(坂口謙一) 교수님을 소개 받게 되었다.

약 넉 달에 걸친 까다로운 심사를 거쳐 드디어 입국비자를 발급 받았다.

사실 주위 선배들은 일본유학을 극구 말렸다. 나이도 나이거니와 지금 배워서 어디다 써먹으려고 하느냐는 것이었다. 혼자서 지낸다는 것이 무리라는 조언도 있었다. 하지만 이러한 유혹을 떨쳐내는 결정적인 계기가 있었다.

먼저, 일산 지역에 거주하는 농협퇴직자들이 매주 한 번 모여서 스크린골프를 즐기는데 어느 날 칠십대 초반에 접어든 잘 나갔던 선배에게 저간의 근황을 물었더니 지금까지 골프치고 여행만 다녔다고 후회 섞인 말씀을 하셨다. 순간 나도 이래서는 안 되겠다는 각오를 다졌다.

두 번째는 요즘 유튜브에서 뜨고 있는 괴짜 의사 유태우 박사의 노년관(老年觀)도 한몫했다. 스스로 목숨을 끊지 않으면 남성의 경우, 95세까지 산다고 가정해야 한다는 것이다. 장수 시대에 대비하라는 것이다.

세 번째, 올해 93세인 인천의 모 고등학교 교장 출신 어른의 독백이 가슴을 울렸다. 65세에 퇴직 이후 아무것도 하지 않고 지금까지 지내 왔다고 한다. "이렇게 오래 살 줄 알았으면 뭐라도 했을 텐데……" 늦었지만 지금 영어 공부를 열심히 한다고 한다.

당초 조건

가족을 동반하고 계약 기간은 1년(2018. 10. 1~2019. 9. 30)이었다. 집사람은 현재 교회(신명순복음교회)를 담임하고 있어 잠시 왔다 가고 혼자 지냈다. 학교 내에 있는 국제교류회관 내 가족형 주택을 제공하고 학교수업과 관련된 일체의 비용은 무료로 파격적인 조건이었다.

따라서 월 생활비는 교통비, 식비, 기타 제비용을 포함하여 평균 100만 원 정도 들었다. 일본은 교통비가 비싸고 전기료도 생각보다 비싸다. 수도료, 가스료, 건강보험료도 부담해야 했기 때문에 가계부를 적어 가며 절약했다.

두 학기(추학기, 춘학기) 동안의 일상(日常)

한국에 있을 때처럼 아침 5시에 기상했다. 일본 TBS TV(채널6)는 주요 신문들을 브리핑 해주고 있어 공부에 많은 도움을 주었다. 잘 모르는 단어가 나오면 그때그때 메모해서 익혔다. 곧이어 회화공부가 시작된다. Naver '오늘의 회화'는 수년째 반복해서 연습해 오고 있었는데 일본 현지에서도 빼놓지 않았다.

통째로 외우려고 노력했다. 말을 말로 배우는 것이다. 밥을 준비하고 학교주위를 가볍게 뛴다. 학교 동쪽문과 국제교류회관 사이를 지나면서 인도와 자전거 도로에 있는 쓰레기를 매일 주워 환경운동을 실천했다. 조깅과 더불어 테니스 벽치기와 골프 스윙연습, 그리고 일본 샤코단스 훈련을 빼놓지 않고 열심히 하였다.

아침 식사를 하면서도 일본어 일상회화를 틀어 놓았다. 어학은 반복이 중요하기 때문이다. 오전에는 회화와 일본어 성경공부 그리고 일본 한자를 공부하고 오후에는 수업내용을 복습하고 소설책을 비롯하여 일본 서적을 읽었다.

최근 발간된 '끝난 사람'(終わった人)을 비롯하여 오래전 베스트셀러인 미우라 아야꼬의 '빙점'(氷点)을 재미있게 읽었다. 그리고 일본 영화도 DVD를 사서 보고 유튜브를 통해 엔카를 비롯한 노래로 일본어를 배웠다.

한편 학교 수업에 열심히 참석했다. 일본어 총합, 듣기, 회화, 문법, 한문(漢文), 일본어 강독 등 6개 과목을 결석하지 않고 열심히 수강했다. 더불어 교내외 여러 단체와도 교류했다. 먼저 동경학예대학 유학생위원회(ISU)에 가입하여 크리스마스 파티, 타카오 산 등반 등 각종 행사에 참석했다. 덕분에 세계 각국에서 온 젊은이들과 교류할 수 있었다.

다음으로 대학 내 교직원 테니스회에 가입하여 매일 운동을 같이하고 인근 대학들과의 친선대회에 대표로 나가 좋은 성적을 거둔 바 있다. 지역사회에도 눈을 돌려 교분을 넓혔다. 사쿠라 테니스회는 지역 중산층들의 모임으로 관내 여러 테니스장을 순회하며 매주 토요일에 두 시간씩 운동을 같이하였고 매너와 실력을 발휘하여 정회원으로 승격되었다.

그리고 빼놓을 수 없는 모임이 있다. 관내 누쿠이 공민관에서 개설된 일본 샤코단스회 수강생으로 가입했다. 이미 한국에서 사교댄스와 라틴댄스를 배웠지만 약간 달랐다. 수강생은 주로 육칠십 대 노인들인데 배움의 열기가 뜨거웠다. 102세 할머니가 멋지게 춤을 추는 모습이 TV에 방영된 적이 있다. 일본 노인들의 건강수명 증진에 샤코단스가 많은 역할을 하고 있다고 한다.

또 잊지 못할 곳이 있다. 매주 토요일 고가네이 미도리 분관에서 열리는 외국인을 위한 생활일본어 교실이다. 두 시간에 걸쳐 일상생활에 꼭 필요한 내용을 자원봉사자 선생님들이 열과 성을 다해 가르쳤다. 많은 도움을 받았다. 나도 귀국하여 그런 기회가 있으면 기꺼이 하겠노라고 다짐을 했다.

돌이켜 보니 다양한 모임을 통해 많은 분을 사귀게 되었다. 큰 보람으로 생각한다.

잊지 못할 에피소드

한동안 적지 않게 고민을 했던 일이 있었다. 어느 날 대청소를 하는데 청소기 보관 상자 안에 상품설명서로 보이는 봉투가 들어있었다.

그냥 스치곤 했었는데 자세히 살펴보니 봉투 안에 거금 이백만 원이 들어있었다. 오래전에 거주했던 분이 깜박 잊고 간 것이다. 견물생심의 불순한 생각을 잠시 했지만 집사람의 강권(?)에 못 이겨 학교에 신고했다.

또 한 가지는 하마터면 큰일 날 뻔한 자전거 사고가 있었다. 동네 골목길의 모퉁이를 도는데 갑자기 내 앞을 향해 돌진하는 용감한 아주머니를 미처 피하지 못하고 정면충돌하고 말았다.

다행히 약간의 찰과상만 입고 크게 다치지는 않았다. 이후 조심, 조심하였다. 일본은 교통비가 비싸 대부분 자전거를 이용한다. 심지어 어린 아기를 앞뒤로 태우고 힘차게 달리는 아줌마들을 쉽지 않게 볼 수 있다.

애로사항

문제는 40여 년이나 젊은 학생들과 같이 공부하는 것과 혼자서 잘 견디어 낼 수 있느냐는 것이다. 지금까지 해 주는 밥만 먹다가 손수 해 먹어야 하니 처음에는 참 많이 힘들었다. 고독력도 키워야 했다.

돌이켜 보니 나를 낮추고 조금이라도 먼저 베풀려는 노력이 겹쳐 학교와 지역사회 모두 잘 적응했던 것 같다. 특히, 하루 7시간 이상 집중적으로 공부할 수 있었던 것은 강인한 정신력의 덕분으로 생각한다. 일본 체류기간 중 한 번도 한국에 나오지 않고 오로지 학업에 열중하였다.

건강문제도 큰 걱정거리였지만 매일 아침 규칙적인 운동과 고른 영양분 섭취로 건강하게 잘 지낼 수 있었다. 인생 2모작에는 "혼자서도 고물고물 잘 놀아야 한다"라고 하는데 고독력도 많이 키웠다.

그 동안 집중적으로 노력한 결과 일본어 실력이 몰라보게 늘었다. 역시 일본에 오길 잘했다는 생각이 들었다. 이제 그 옛날 경운기나 발동기를 돌릴 때, 처음에는 힘들지만 계속 빠르게 돌리면 자동적으로 돌아가는 것처럼 발동이 제대로 걸렸다. 이렇게 쉬지 않고 노력한다면 5년 후 70살에는 어느 정도 궤도에 올라가지 않을까 생각해 본다.

관심 연구과제
- 왜 일본인들의 건강수명이 길까?

평소 일본인들이 왜 오래 살고 특히 건강수명이 우리나라보다 전반적으로 한 10년 이상 긴지에 대해 관심이 많았다.

기술교육이 전공인 사카구치 교수님의 조언 아래 '직업선택을 중심으로 한일 간의 건강수명 비교'에 대해 자료 수집을 해 왔다. 논문작성은 미완이지만 계속 연구하고 싶다.

우선, 이 요인을 생활 속에서 찾아본다.

첫째, 소식(少食, しょうしょく)이다. 반찬도 단순하고 식사량이 우리나라보다 너무 적다. 그러다 보니 몸은 가냘프기 그지없다. 그에 비해 너무 잘 먹고 많이 먹는 나는 뱃살이 늘어나서 걱정이다.

다음으로 자전거를 들 수 있다. 자가용을 가진 사람도 자전거를 애용하고 있고 남녀노소 누구나 자전거를 중요한 교통수단으로 이용하고 있다.

여기에는 버스, 지하철 등 교통요금이 비싸기 때문이기도 하다. 아기를 앞뒤에 태우고 용감하게 달리는 아주머니들을 보면 아찔하기까지 하다.

그 다음으로 여러 가지 취미활동을 한다는 것이다. 테니스, 사교댄스, 달리기 등 자기 나름대로 특기를 살려 즐기고 있다. 100세 시대에 즈음하여 이러한 취미를 즐긴다는 것이 벤치마킹할 분야라고 생각한다.

또 하나의 요인은 조금만 몸이 아파도 병원으로 달려간다. 의료보험 제도가 잘 되어 있기 때문이기도 하지만 예방의학을 실천하고 있기 때문인 것이다.

그리고 일본인들의 사생관(死生觀)을 직접 볼 수 있었다. 일본은 오랜 기간 태풍, 화산폭발, 해일, 지진 등 자연재해와 함께 해왔다. "죽음이 가까운 곳에 있다", "삶속에 죽음이 있다"라는 식의 관념이 생기기 시작했다.

여기에는 불교의 교리가 영향을 끼쳤다고 한다. 실제 내가 사는 인근 마을 한복판에 공동묘지가 있었고 장사를 치를 때에도 조용히 슬픔을 삭이는 모습을 볼 수 있었다.

나아갈 길

성공적인 유학생활로 나의 버킷리스트 하나를 달성했다. 앞으로 동경학예대학에서 쏟아 부은 그 열기를 계속 이어 가려고 한다. 하루 일과(日課) 중 일본어 회화, 방송 시청, 일본 책 읽기, 일본 성경 읽기 등 일본어 공부를 쉬지 않고 계속 이어갈 것이다. 매일같이 새로운 단어를 익히고 일본어를 공부하는 재미가 쏠쏠하다.

우선 5년 후, 2024년에 1차 점검을 하려 한다. 지금까지 해온 것에 5년간 줄기차게 노력하면 소정의 열매가 맺혀지리라 생각한다. 동경학예대학의 국제과 직원들에게도 약속한 바 있다.

바야흐로 일본어 공부는 인생 2모작에 내가 파종하고 가꾸어 가야 할 주요 작목이 됐다. 일본어를 매개로 내가 할 수 있는 일을 적극적으로 찾아보려 한다. 농산물 수출, 관광 안내, 일본 현지에서 강의, 일본 책 번역 등을 들 수 있겠다. 큰돈을 벌려는 것이 아니라 일본과 관련된 일을 찾아 나섬으로써 한일 간의 우호 증진을 위해 다소나마 역할을 할 수 있을 것으로 믿기 때문이다. 지금 한일관계가 정치적으로 대립 각을 세울지라도 민간 차원의 교류는 계속되어야 할 것이다. 앞으로 미력이나마 자라나는 우리 후손들과 일본의 깨어있는 보통 사람들에게 바람직한 삶의 지혜를 나누어 주고 싶다.

취미편

노년은 혼자서도
고물고물 잘 놀아야 한다

"노인이 세상을 떠난다는 것은 박물관 하나가 불 탄 것과 같다"라는 아프리카 속담이 있다. 그만큼 살아온 노하우나 지혜를 소중히 해야 한다는 것이다.

그런데도 OECD 국가들 가운데 우리나라가 1위를 달리는 부분이 바로 노인자살률과 노인 빈곤층 비율이다.

노인자살률의 근본 원인은 돈, 건강, 외로움 등의 순으로 나왔다고 한다. 생로병사의 원리를 거스를 수 없지만 건강하게 천수를 다하고 이 땅을 떠나고 싶은 것이 모든 노인의 소망일 것이다. 그런데 현실은 그렇지 않다.

흔히 외로움은 현대인들에게 암보다 무서운 병이라고 한다.

외로움은 노인우울증으로 발전한다.

노인우울증은 절망이 아니라 무망 때문이라고 심리학자들은 얘기하고 있다. 절망 속에는 희망이 싹틀 수 있지만 무망은 아무 희망이 없다는 점이다.

이 땅에 와서 아무 희망이 없이 살아간다면 목숨은 붙어 있지만 진정한 삶이라고 할 수 없다.

보통 은퇴 이후 20년에서 길게는 40년 가까이 시간이 주어진다. 이

기간을 잘 보내려면 적당한 돈과 건강은 꼭 필요한 요소이다. 하지만 이것만으로는 부족하다. 바로 정서적 자립이 동반되어야만 한다.

이는 내 인생을 내 의지대로 살아갈 수 있는 독립적인 힘이다.

여기에는 친구 관계, 취미활동, 생활력, 간병 등 일상생활과 관련된 모든 항목이 포함된다. 정부나 자식에게 부담을 주지 않고 당당하게 노후 생활을 영위하기 위해서 경제적 문제를 넘어서는 정서적 자립이 더 중요하다.

그중에서 다양한 취미활동에 관심을 가지고 혼자서도 고물고물 잘 놀 수 있다면 노후가 그다지 외롭지 않을 것이다. 당분간 '코로나19'로 인해 집콕을 강요받는 언텍트 시대가 계속될 것으로 전망된다.

그래서 혼자서도 여러 가지 취미를 개발하여 잘 놀아야 한다.

지금부터 내가 실천하고 있는 몇 가지 노하우를 소개하고자 한다.

돈과 취미

영국, 프랑스, 독일, 스웨덴 등 유럽의 여러 나라에서는 은퇴라고 하면 자유와 행복이라는 단어를 떠올린다고 한다. 은퇴 이후 충분한 연금이 나오고 평소 준비를 철저히 했기 때문이다.

반면에 우리나라에서는 노후 준비가 만족스럽지 않기 때문에 은퇴라고 하면 돈, 건강, 외로움 등을 생각한다고 한다.

결국 돈이 문제이다. 은퇴 이후에도 자금이 충분하여 생활하는 데 아무런 지장이 없다면 큰 짐 하나는 더는 것이다.

물론 건강과 체력이 뒷받침되어야 한다.

은퇴 이후는 여가(餘暇)시간이 많은 편이다. 그런데 이 넘치는 여가를 잘 보내야 하는데 대부분 TV시청에 아까운 시간을 쏟아 붓고 있다. 실제로 통계청에서 1인 가구를 대상으로 조사한 바에 따르면 주말 여가활동으로 71.8%가 TV시청으로 나왔다. 여가 활동의 다변화가 시급한 실정이다.

동 조사에 따르면 여가 활동비용은 15만 원 이상 지출되는 가구가 41.5%이며 3만 원 미만의 소비가구도 9.8%에 이른다고 한다.

현대인들은 대부분 돈 없이는 여가를 즐길 수 없다고 생각한다.

취미활동도 마찬가지이다.

그런데 큰돈을 들이지 않고도 즐길 수 있는 것이 주변에 많이 있다.

요즘 내가 즐기는 취미 위주로 살펴보자.

먼저, 책 읽기를 꼽을 수 있다. 조용한 낮에도 읽고 싶은 책에 흠뻑 빠져본다. 은퇴자들의 특권이다.

그 다음은 밖으로 나가는 운동들이다.

등산이나 걷기는 돈이 거의 안 든다.

자전거 라이딩도 초기 구매비용을 제외하면 약간의 수리비만 들어간다.

내가 가장 좋아하는 테니스는 한 달 회비가 3만 원에 지나지 않아 큰 부담이 없다.

골프도 필드에 나가면 큰돈이 들지만 스크린골프는 만 오천 원 정도로 즐길 수 있다. 장갑이나 골프채 심지어 신발까지 무료로 대여한다.

노인들의 사교장이요 운동으로 관심을 끌고 있는 콜라텍은 입장료가 2천 원으로 몇 시간을 재미있게 놀 수 있다.

또 다른 취미로 악기 연주가 있다. 기타나 색소폰은 악기 구매비용이 좀 들어가지만 그 후 연습기간에는 큰 비용이 들어가지 않는다.

오카리나는 조그만 크기에 가격이 저렴하다. 청아한 소리에 매료되어 연주의 맛을 더한다.

이와 같이 적은 돈으로도 여러 가지 운동과 악기 연주로 멋지게 취미생활을 즐기고 있다.

요즘은 장구와 경기민요를 열심히 배우고 있다. 젊었을 때, 국립국악원에서 1년 동안 단기과정으로 배운 바가 있는데 유튜브를 활용하여 옛 실력을 되찾고 있다. 너무 재미있다. 판소리까지 영역을 넓힐 예정이다.

또 나의 버킷리스트의 하나인 바이올린 연주를 위해 악기를 구매했다. '나그네설움'을 멋지게 연주하는 것이 꿈이다.

우리 주변에는 쓸데없이 자만심을 부추기는 사치품들이 많다. 필요 이상의 큰 집, 비싼 차나 옷 등의 과시적인 소비는 돈 없는 사람들 앞에서 우월감을 드러내려는 행동이다.

이제는 아니다. 소소하게 혼자서도 고물고물 잘 놀면 그게 제일이다. 내 멋에 살아야지 남과 비교할 필요가 없다.

젊을 때는 '국영수'가 중요하지만 은퇴 이후에는 '예체능'이 중요하다는 말이 있다.

비록 조금의 비용이 들더라도 다채로운 취미생활을 개발해 놓아야 한다. 대부분 초기비용이 들어가서 그렇지 끈기를 가지고 노력하면 얼마든지 멋진 노후를 보낼 수 있다.

한 살이라도 젊었을 때 배우고 익혀야 취미생활이 풍족해진다.

그래도 돈이 문제인가?

실제로 지출에 조금만 신경을 쓰면 경비를 상당히 줄일 수 있다.

노후 좀 들어가는 여가비용에 너무 인색하지 말자.

병원에 가져다주는 셈 치고 지출하면 아깝지 않다.

멋진 여가생활을 누리다가 후회 없이 이 땅을 떠나고 싶다.

끊을 수 없는 취미, 독서

책의 날(4월 23일)에 느끼는 단상

4월 23일은 유네스코가 정한 '세계 책과 저작권의 날' 즉 '책의 날'
이다. 인류 문명의 발전에 이바지한 공로로 책을 빼놓을 수는 없을 것
이다.

그런데 2019년에 실시한 우리나라 국민독서실
태조사에 의하면 1년에 책 1권이라도 읽은 사람이
전체의 반이 좀 넘는 52.1%이고 이를 크게 괘념치
않는다는 사람의 비율도 늘어난다고 한다.

참으로 걱정스러운 결과이다.

요즘 스마트폰이 우리 몸의 한 부분이 되어 대부분의 정보를 얻고
있지만 책은 그 나름대로 역할이 있다.

이를테면 책은 깊이 있는 사고력을 키워주고 배움의 기쁨을 느끼게
해준다. 이런 의미에서 책다운 책을 펴내고 싶은 사람들이 아직도 많
이 있다.

그런데 이를 행동으로 옮기기가 쉽지 않다.

당장 발간 이후 판매 부수가 초라할 경우 그 비용을 감당해 내기 어
렵기 때문이다.

그렇지만 책은 계속 발간되어야 한다.

그 이유 가운데 독서력과 경제 발전이 상관관계가 있다고 한다.

그리고 선진국일수록 책을 읽는 사람이 많다고 한다.

나는 늘 책과 살아온 지난날처럼 앞으로도 책을 친구삼아 함께 걸어갈 것이다. 아울러 힘든 인생길을 걸어가는 사람들에게 한 잔의 마중물이라도 부어 주고 싶은 심정으로 글을 계속 쓰려고 한다.

독서는 내 삶의 일부분이다

이번 달에도 YES24를 통해 읽고 싶은 책을 구입했다.

코로나19로 인해 연금 이외에는 별도의 수입이 끊어졌지만 오늘은 책상에 책을 수북이 쌓아 놓으니 부자가 된 기분이다.

책 읽기만큼 좋아하는 골프와 비교한다면 한 번 라운딩 하는데 드는 비용의 반 정도에 조금만 보탠다면 열 권 이상의 책을 살 수 있다.

요즘, 오프라인 강의를 못 하다 보니 책을 쓰는 사람이 많아졌다고 한다.

나도 빨리 쓴 글을 정리해서 책을 내고 싶지만 그래도 독서를 멈출 수 없다. 좀 더 내실 있게 나만의 글을 쓰고 싶기 때문이다.

책을 읽고 있으면 혼자 있어도 너무 시간이 잘 간다.

언텍트 시대를 맞이하여 혼자서도 고물고물 잘 놀아야 하고, 특히 책이나 동영상을 통해 소통하는 것이 무엇보다 중요하게 되었다.

좋은 책을 쓰기 위해서는 좋은 책을 많이 읽어야 한다.

특히, 이번에 내가 좋아하는 댄싱에 관한 책을 구매했다. 사교댄스를 넘어 라틴, 모던댄싱을 하다 보니 댄싱이야말로 노년에 꼭 필요한 취미라고 느껴졌다.

이론적인 면과 실제적인 면을 잘 조화시켜 멋진 댄싱을 계속하고 싶다.

한편, 자꾸만 책을 내야겠다는 욕심이 앞선다.

그래도 너무 조급할 필요가 없다.

독서를 통해 내면의 그릇을 더 크게 만들어 가다보면 내게도 이 사회를 위해 무엇인가를 이바지할 기회가 꼭 오리라 믿는다.

오카리나, 맑고 청아한 매력에 빠지다

오카리나는 흙을 빚어 가마에서 구워낸 도자기형 취주악기 즉, 불어서 연주하는 악기이다. 토기 형태의 피리는
아주 오래전부터 존재하였으나 현대의
오카리나 형태는 19세기 이탈리아의
부드리오 출신 주세페 도나티(Giuseppe
Danati: 1836~1925)에 의해 고안되었다.

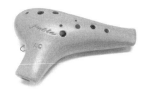

'작은 거위'라는 뜻을 지니고 있다. 흙을 주재료로 하여 나무, 플라스틱, 유리, 금속, 뼈, 세라믹 등 다양한 재료를 활용하여 제작된다.

연주자는 양손으로 악기를 쥐고 취구 부위에 입으로 바람을 불어 넣어 소리를 내는데 이때 악기에 있는 구멍을 손가락 끝으로 막거나 열어주어 음정을 표현한다. 관악기를 연주할 때, 혀를 사용하여 연주하는 '텅잉(tonguing)' 기법을 사용한다. 오카리나는 한 손에 쏙 들어오는 친환경적인 악기이다.

오카리나는 5만 원 내외의 저렴한 가격으로 구매할 수 있으며 소리가 맑고 청아해서 금방 친해질 수 있는 악기이다. 생활 악기 하나쯤 배워두고 싶은 분들에게 딱 맞다.

음악에 대한 깊은 조예가 그다지 없어도 쉽게 접근할 수 있다.

초등학교에서는 저학년에서부터 배우기 시작하고 있다.

요즘 복지관이나 문화센터, 유튜브를 통해서 오카리나를 배울 기회가 많이 있다.

나는 농협대학에서 학생들의 동아리에 참가하여 지도교수 겸 학생으로 참여했었다.

처음에는 호흡법이 어려웠다. 충분히 호흡을 들여 마시고 천천히 텅잉을 하며 내쉬어야 한다. 나중에는 복식호흡이 되어 건강에도 많은 도움이 되었다.

그리고 올바른 소리를 내기 위해 손가락을 정확히 구멍에 누르고 떼야 하는데 이게 쉽지 않았다. 연습에 연습을 거듭한 끝에 이것도 곧 숙달되었다.

축제 때에는 소프라노, 알토, 베이스 오카리나를 합주하여 큰 박수를 받기도 하였다.

오카리나는 각종 행사에 유용하게 사용되고 대외 강의 시에도 한두 곡을 연주하면 분위기가 달라진다. 교회 예배 시에도 뜻을 담아 찬송가를 연주할 수 있다.

일본 유학 시 대학의 축제나 공민관 행사 시 일본의 동요 모모타로상(桃太郎さん)과 우리나라 전통 민요인 아리랑을 연주하여 호평을 받았다.

은퇴 이후 부담 없이 악기 하나 배워두고 싶은 분들에게 적극적으로 추천하고 싶다. 혼자서도 소소한 행복을 느낄 수 있고 정서적인 안정도 찾을 수 있기 때문이다.

색소폰의 독특한 매력

"1인 1악기 시대"라는 말이 생겼다.

특히, 은퇴한 베이비부머에게 악기 하나 정도는 꼭 필요하다고 생각한다.

여러 악기 가운데 색소폰을 권하는 사람이 많다.

이 악기를 처음 만든 사람이 트럼펫과 클라리넷의 중간소리를 내기위해 만들어서 약간 정통음악에는 애매할 수도 있지만 특유의 감미로운 음색과 강렬함은 그 어떤 악기도 흉내를 내지 못한다.

나는 8년 전에 인근 교회의 문화센터에서 색소폰을 처음으로 접했다. 그 이후, 네 분의 선생님을 거쳐 지금까지 즐겁게 연주하고 있다.

색소폰에 관심을 가진 분들에게 이 얘기가 도움이 된다면 좋겠다.

우선 색소폰의 매력을 더 살펴보자.

첫째, 외관이 멋지다.

둘째, 음색이 매우 개성이 있다. 중후하고 부드럽다.

셋째, 색소폰은 연주할 때, 복식호흡을 사용하게 되므로 심폐기능이 향상되고 아울러 긍정적인 기운의 호르몬 분비에도 효과적이다.

색소폰 연습실에서 만난 몇 분의 소감이다.

한 분은 은퇴 이후 재미없게 지내오다가 색소폰을 통해 인생의 고단

함을 달래고 잃어버린 낭만을 되찾았다.

또 한 분은 골프를 취미생활로 했는데 색소폰을 하고 나서부터는 골프를 완전히 끊었다. 이 외에도 색소폰의 매력에 푹 빠져 지내는 사람들이 많다.

한편, 색소폰의 단점을 몇 가지 들 수 있다.

첫째, 악기의 특성상 올바른 소리를 내기까지의 과정이 다소 힘들다는 것이다. 적어도 1년은 꾸준히 노력해야 어느 정도 소리를 낼 수 있다.

둘째, 소리가 커서 아파트나 단독에서는 연주할 수 없다.

색소폰 연습실을 찾아가야 한다.

셋째, 초기 악기 구매비용이 비싼 편이다. 평균 1백만 원 내외가 들고 반주기도 1백만 원 정도가 들어간다.

처음 시작할 때에는 레슨비도 한 달에 2십만 원 정도 소요된다. 동호회 연습실을 이용할 때도 한 달에 6~7만 원의 회비가 지출된다. 초기 비용이 좀 들어가기는 하지만 그만한 대가는 뽑을 수 있다.

이러한 단점에도 불구하고 색소폰은 일정한 기간만 지나면 혼자서도 서너 시간은 즐겁게 보낼 수 있는 매력적인 악기이다.

내 경우 대중 강의를 할 때, 한두 곡 연주하면 분위기가 살아난다.

교회 예배 시에도 은혜롭게 연주할 수 있다.

색소폰은 언택트 시대에 혼자서도 고물고물 잘 지낼 수 있는 악기 친구이다.

기나긴 여생을 보내야 하는 베이비부머에게 색소폰을 자신 있게 추천하고 싶다.

기타(guitar)와 일본어

기타와 일본어는 닮은 점이 많다.

하나는 악기고 하나는 외국어인데 무슨
얘기인가 싶을 것이다.

다름 아닌 두 가지 모두 배우기가
어렵다는 것이다.

"웃고 들어갔다가 울고 나온다"는 말과 같
이 끝이 없는 길을 걸어야 조그만 열매를 거둘 수 있기 때문이다.

대개 처음에는 기분 좋게 시작한다. 한데 얼마 가지 못해 이내 포기
하는 경우가 많다. 나도 그랬다.

먼저 현악기의 하나인 기타(Guitar)의 얘기이다.
기타는 여섯 개의 줄을 매어 왼손 손가락으로 음정을 고르고 오른손
손가락으로 줄을 튕겨 연주한다.

중고교 시절에는 기타를 들고 노래하는 통기타 가수들이 많았었다.
그때 기타를 배우고 싶은 생각이 굴뚝같았었다.

그런데 여러 가지 사유로 차일피일 미루다가 직장인 농협에 들어와
동대문 시외버스터미널 근처에 있는 기타학원을 처음으로 찾았었다.

코드와 반주연습을 나름대로 열심히 했지만 이내 그만두고 말았다.
그 후 한참 시간이 흐른 후 대학교수 시절에 학원 문을 두드렸다. 젊은

선생에게 차근차근 배워나갔다. 여기서도 느린 진도에 지쳐 포기하고 말았다.

또 시간이 흐른 후 매주 토요일 저녁, 두 시간에 걸쳐 가르치는 동네 교회 문화센터의 기타 교실에 등록했다. 젊은 직장인들과 함께 흥미진진한 시간을 보냈다. 약 4년에 걸쳐 꾸준히 노력한 결과 눈에 띄게 실력이 늘었다. 이젠 선생이 가르치지 않아도 혼자 연습할 수 있는 단계로까지 발전했다.

일본에서 혼자 지낼 때, 외로움을 달래는 악기 친구였다.

시골 고향에 내려갈 때, 기타를 꼭 차에 싣고 간다. 적적한 시간에 기타 연주를 하면 시간 가는 줄 모르기 때문이다.

유명한 기타 연주가의 말이 생각난다. 자기는 매일 연습하는데 어떤 땐 단 5분이라도 기타를 만지고 다른 일을 한다고 한다. 새겨들어야 할 말이다.

나도 내 연구실 책상 옆에 늘 기타를 세워 두고 있다.

언제나 기타를 연주하기 위해서이다.

앞으로도 기타는 내 분신으로서 주욱 함께할 것이다.

그리고 일본어에 대해 가감 없이 얘기해 보자.

영어를 제외한 제2 외국어로 일본어를 택하는 사람이 많다. 일본어는 우리말과 어순이 같고 비슷한 말도 많이 있다. 무엇보다 한자(漢字)를 쓰고 있어 말은 잘못하지만 어느 정도 이해할 수 있어 친근하게 느껴진다.

처음 일본어를 대한 것은 삼십 대 때, 직장에서 휴식시간을 이용하여 일본어를 배울 기회가 있었다. 젊고 예쁜 일본어 여선생을 보기 위해 열심히도 다녔었다.

처음에는 재미를 붙였으나 목표 없이 하다 보니 길게 이어지지 못했다.

그 이후 대학원 박사과정을 밟으면서 일본어를 다시 잡게 되었다. 이때에는 논문 제출에 앞서 통과해야 하는 과목이었기에 정말 열심히 공부했다.

졸업 이후 또 손을 놓고 말았다.

해도 해도 끝이 보이지 않는 망망한 바다를 항해하는 느낌이랄까.

"정년퇴직 이후 악기 하나와 외국어 하나는 필수적으로 해야 한다"는 은퇴 전문 서적을 읽고 다시 한 번 일본어를 접했다. 재미를 잃지 않기 위해 JTV, NHK TV, chW를 시청하고 문법책도 다시 사서 처음부터 시작했다.

그러다가 일본 동경학예대학(東京學藝大學)의 초청을 받아 일본 땅에서 공부할 기회를 잡았다.

"외국어는 현지에 가서 배워야 제대로 실력이 는다"라는 말이 있다.

맞는 말이다. 우선 생활 속에서 꼭 알아야 할 말이 저절로 익혀졌다.

혼자 1년간 지내면서 외롭고 힘들었지만 일본어를 공부하는 데 더 없이 좋은 기회가 되었다.

귀국 이후 한일관계가 악화되어 일본에 가보지 못했다.

그래도 현지에 있을 때와 마찬가지로 하루 일과 중에 일본어 공부가 차지하는 비중이 제일 높다.

미우라 아야꼬의 그 유명한 소설 '빙점'을 비롯하여 일본 서적을 한글판과 비교하여 읽었다. 도쿄 온누리교회의 주일 설교도 직접 들을 수 있었다.

그래도 아직 멀었다. 생활 속에 일본어를 늘 같이하지 않으면 또 말짱 도루묵이 되리라.

앞으로 적어도 5년간 즉 만 칠십이 되는 날까지 집중적으로 공부해 나갈 생각이다.

그러면 어느 정도의 실력이 쌓여 한일 간 우의(友誼)와 협력을 증진하는데 그 역할을 조금이나마 수행할 수 있으리라 믿는다.

이렇듯 기타와 일본어는 둘 다 어렵고 기나긴 인내의 세월을 견뎌내야 하는 공통점을 가지고 있다.

하기야 세상에 쉬운 일이 그리 흔하겠는가. 그 어떤 것도 열매를 맺기까지 적잖은 노력이 필요하다.

은퇴 이후의 삶은 혼자서 지내는 시간이 많다. 늘 하는 얘기이지만 혼자서도 고물고물 잘 놀아야 시간이 지루하지 않다.

기타와 일본어는 이런 의미에서 꼭 필요한 생활의 필수품이다.

물론 골프, 테니스, 댄싱 등 운동과 색소폰, 오카리나, 장구 등도 여가를 풍요롭게 하지만.

인간이 태어나 세상 모든 것을 다 잘할 수는 없다.

하지만 자기 취향에 맞고 꾸준히 할 수 있는 취미나 공부가 있다면 행복의 한 요소를 쟁취한 것으로 생각한다.

"성공은 결과가 아니라 과정이다. 성공은 미리 설정한 가치 있는 목표를 점진적으로 실현해가는 과정이다."

폴 마이어의 말이다. 과정에서 이미 성공이 있고 행복이 있다는 말이다.

백 번 천 번 지당한 얘기이다.

오늘도 집을 나서면서 일본어 회화를 듣고 있다.

산길에서도 지하철에서도 쉼 없이 듣고 또 듣는다.

방송 청취를 하면서 재미를 느낀다. 기타 연주와 더불어.

끝까지 가보면 나만이 느낄 수 있는 기쁨의 순간이 기다리고 있을 줄 믿으면서.

가수의 꿈, 아직도 유효하다

가수(歌手)는 노래 부르는 것이 직업인 사람이다.

내가 어려서는 '딴따라'라고 해서 절대 해서는 안 되는 직업으로 여겼었다. 그런데 스무 살 즈음에 난 가수가 되고 싶었다. 혈서까지 쓰고 다짐을 했었다.

이렇게 마음먹은 데에는 이유가 있었다.

중고교 시절 음악은 내가 제일 좋아하는 과목이었다. 선생님은 새로운 곡을 피아노로 연습시킨 후 "누구 나와서 한 번 불러 볼 사람"하고 꼭 말씀하셨다.

한참을 기다려도 나오는 학생이 없으면 꼭 나를 지정하셨다.

가창력과 음악성이 있었든지 선생님은 칭찬을 거듭하셨다. 음대를 가도 되겠다고 희망을 불어 넣어 주셨다.

그러나 고등학교를 졸업할 즈음에 집안 형편이 어려워 포기하고 말았다.

대신에 트롯 가수가 되고 싶었다. 주위 사람들이 외모로 보나 노래 실력으로 보나 승산이 있으니 한 번 도전해 보라는 충동질이 있었다.

하지만 이것도 이내 포기하고 말았다. 당시 가수가 되려면 상당액의 돈이 있어야 했는데 가난했던지라 꿈을 포기할 수밖에 없었다.

그 이후, 돈을 벌어야 했기에 일찍 은행에 취업했다. 그 당시에는 은행원의 대우가 너무 좋았다. 다른데 눈길을 주지 못했다.

세월이 흘러 근 40년간 근무를 하고 퇴직을 하게 되었다.

돌이켜 보니 그래도 순간순간 음악에 대한 소질을 저버리지 않도록 노력해 온 것 같다.

평소 장르를 구분하지 않고 좋아했다.

가곡도 좋아하고 특히 우리 민요나 판소리까지 흥얼대며 지냈다.

가끔 친구들과 노래방에 가서 몇 곡을 부르면 가수 뺨친다고 박수를 보내 주었다.

다니던 교회에서도 특송을 하면 많은 교인들이 은혜를 받았다며 앵코르 노래를 신청하였다.

사십 대 초반에는 국립국악원 단기 양성반에서 장구와 민요, 판소리까지 배우는 열성을 보였다. 당시 지도 선생님은 소질이 있다며 계속해 보라는 권유까지 받았다.

음악을 좋아하다 보니 부르는 것뿐만 아니라 악기를 연주하는 것도 소중한 취미로 자리 잡았다. 피아노는 입문 단계에서 그쳤지만 색소폰, 기타, 오카리나 등은 혼자서 즐길 수 있는 수준까지 연주 실력을 키웠다.

공부하다 기타를 치며 노래 부르는 시간이 즐겁다.

색소폰은 반주기를 이용하여 연주하다 보면 서너 시간은 후딱 지나간다.

오카리나는 청아한 소리에 매료된다.

'그리운 금강산'을 연주하면 그렇게 좋을 수 없다.

내가 좋아하는 TV 프로그램 가운데 세 가지를 꼽자면 동물의 세계, 가요무대, 국악 한마당을 들 수 있다. 요즘 뜨고 있는 트롯을 듣는 것도 좋아한다. 우리 가요와 비슷한 일본의 대중음악인 엔카도 좋아한다.

늘그막에 웬 가수 타령이냐고 할지 모르지만 내겐 이렇듯 사연이 있다. 대중가요 가수의 길은 좀 늦은 감이 있다.

하지만 경기민요를 비롯하여 우리 민요와 판소리는 아직 늦지 않았다고 생각한다. 장구 치며 민요를 구성지게 부르는 민요 가수도 될 수 있다.

그동안 살아온 인생길을 뒤돌아보며 깊이 있는 소리를 낼 수 있을 것이다. 무엇보다 내 몸속에 꿈틀거리는 음악에 대한 마그마를 분출하고 싶은 것이다.

그것은 살아생전에 꼭 이루고 싶은 내 버킷리스트의 하나이다.

그래서 가수의 꿈은 아직도 유효하다.

운동이 마냥 좋은 것은
아니지만 그래도 해야 한다

운동 이야기이다.

사계절 가운데 청명한 가을을 맞이하면 평소에 운동을 게을리 한 사람도 산으로 들로 나들이를 한다. 적당하게 한다면 우리 몸에 이보다 더 좋은 보약이 없으리라 생각한다.

내 경우 아침에 일찍 일어나 국선도 체조를 시작으로 테니스장에 나가서 즐겁게 게임을 한 지가 어언 사십 년이 넘었다.

테니스는 재미있을 뿐만 아니라 하루 중 각종 스트레스를 막아 주는 방풍 역할을 충분히 한다.

걷기, 등산, 자전거 라이딩, 댄싱도 내가 즐기는 운동이다.

그런데 날씨가 다소 쌀쌀한 경우, 넉넉하게 준비운동을 하고 난 후 해야지 자칫하면 부작용이 일어날 수도 있다. 만사가 그러하듯 무리하면 안 된다. 평소 운동하지 않다가 갑자기 하면 탈이 나기 마련이다.

운동은 건강하게 오래 사는 건강수명을 늘리는 데 꼭 필요한 요소이다. 겨울철에도 움츠리지 말고 자기에 알맞은 운동을 계속해야 한다.

하루 종일 병원 침대에서 누워서 지내지 않으려면 부지런히 움직여야 한다. 그렇다. 우리 인간은 움직여야 산다. 움직여야 건강한 미래가 보장된다.

등산, 정상에 오르는 짜릿한 매력

북한산 백운대 정상에 오르다

참으로 오랜만에 북한산을 등반했다.

고촌테니스동호회 두 친구와 나 셋이서 출발했다.

비가 온 뒤라 쾌청한 날씨였지만 간혹 안개가 끼었다.

아침 일찍(5시 30분), 집에서 출발하여 장장 5시간여에 걸친 강행군이었다.

만보기에는 3만 보가 넘는 수치가 나왔다.

중간에 일행과 떨어져 길을 잘못 들어가 계곡을 헤매기도 했지만 능선에서 만나 정상을 향했다.

바위로 뒤덮인 악산 중에 악산을 오르다 보니 순간순간 위험을 느끼기도 했다.

백운대를 오르는 곳곳에 철조망을 쳐서 위험을 방지하고 있지만 아래를 내려다보니 아찔했다.

그래도 기어코 정상에 올랐다.

가져간 막걸리 한 잔에 목을 축이며 아직도 건재한 내 두 다리를 어루만져 주었다.

집에 돌아와 샤워를 끝내니 성취감에 마음이 뿌듯하다.

그래, 천천히 쉬지 않고 걸어가면 아직도 무언가를 이룰 수 있다.

다만, 오늘의 북한산이 그러했듯이 겸손한 마음으로 한 발 한 발 내딛어야 정상에 도달할 수 있음을 피부로 느꼈다.

서울 둘레길 1-1 코스 완주

1호선 도봉산역에서 내려 한참을 헤매다가 서울 둘레길 입구를 찾았다.

서울 둘레길은 8코스로 나뉘고 길이가 157km나 된다고 한다.

1코스는 수락산과 불암산을 통과하는 18.6km이다.

이 코스를 흔히 둘로 나누는데 1-1코스는 도봉산역에서 당고개 공원 갈림길까지로 6.4km이고 1-2코스는 당고개 공원 갈림길에서 화랑대역으로 이어진 12.2km 구간을 말한다.

오늘은 1-1코스를 완주했다.

걸은 거리는 약 7km 정도로 얼마 되지 않는다.

걸음 수가 2만 보, 소요시간이 3시간 반 정도가 되었으니 딱 좋은 코스이다.

그런데 계곡을 오르고 내리는 길이 많아 꽤 힘들었다. 보통 둘레길이라면 평평한 길을 생각할 텐데 정반대이다. 거의 등산하는 거나 별반 차이가 없었다.

코스 길을 찾아가도록 빨간 리본을 나무에 달아 큰 어려움은 없었다. 그런데 한 가지 아쉬웠던 점은 방향은 그런대로 잘 표시했으나 남은 거리를 적지 않아 궁금증을 자아내게 했다.

구청 담당자들이 이런 점도 세심하게 신경을 써 주었으면 좋겠다.

이제 첫발을 내디뎠다.

욕심 같아선 서울 둘레길을 모조리 다 정복하고 싶다.

길을 걸으면서 인생의 깊이를 생각할 좋은 기회가 되었다.

잠시 책을 미뤄 놓고 자연과 친해지는 시간을 보내고 오니 절로 힘이 생긴다.

지공도사 인지라 지하철이나 공항철도 모두 공짜라 미안한 기분이 들었다.

한편으론 늙어가는 기분이 들어 좀 씁쓸했다.

그래, 걸을 수 있을 때 걷자. 산으로 들로.

행복이 샘솟는 둘레길이 되기를 바라면서.

인천 계양산에 오르다

가랑비가 내리는 토요일 아침이다.

우선 늘 하던 대로 뒷산 '당산미'에 올라 여러 가지 운동으로 몸을 풀었다.

테니스 동호회원이 여러 번 추천해 줘서 오늘 큰맘 먹고 인천 계양산 쪽으로 차를 몰았다.

김포 고촌에서 약 7km 거리로 바로 인근에 있는 산이다.

계양산은 높이가 395m 이기는 하지만 강화도를 제외한 인천광역시에서 가장 높다.

계단이 많다는 얘기는 들어서 익히 알고 있었는데 정말 많아도 너무 많았다. 오죽하면 계양산을 계단산이라 했겠는가.

'코로나19' 조치가 내일까지 2.5단계로 격상되어 당국은 외출을 자제토록 외치지만 토요일이라 그런지 등산객이 생각보다 많았다.

돌계단을 한 계단 한 계단 올라가면서 꽤 힘들었다.

지난 세월을 돌이켜 보니 초등학

교 이래 그 수많은 인생 시험 계단을 용케도 잘 이기고 올라갔었다.

정상에 올라 마냥 눌러앉아 있을 수 없다.

내려와야 한다.

비가 약간 내리고 있어 하산 길이 더 어려웠다.

조심조심 내디뎌 드디어 주차장까지 잘 올 수 있었다.

왕복 약 2시간 정도가 걸렸다.

짧은 거리였지만 배운 게 많았다. 하산 길도 이모저모로 조심조심해야 했듯이 인생 하산 길에 접어든 내가 더욱 신중하게 걸어가야겠다는 다짐을 해본다.

다시 책상에 앉으니 힘이 샘솟는다.

인생의 오르막길과 내리막길

'코로나19' 바이러스 때문에 집에만 있는 시간이 늘어 간다. 매일 아침 어김없이 동네 테니스장에서 운동했는데 폐쇄되어 일상이 바뀌었다.

한 달 전부터는 하는 수 없이 뒷산을 오르기 시작했다.

1시간 남짓이 소요되어 큰 무리가 없고 운동기구까지 있어 일석이조의 효과를 거둘 수 있다.

야트막한 산 '당산미' 정상에 오르면 서울, 일산, 인천까지 훤히 내다보인다. 여기서 그 옛날 교육원 교수 시절 체육 담당의 기질을 발휘하여 국민체조를 순서에 맞게 실시한다. 그리고 왈츠를 비롯하여 댄스 동작을 혼자서 익힌다. 겸해서 아이언으로 실전처럼 골프연습을 한다.

이윽고 능선을 돌아 내려오면 각종 운동기구가 기다리고 있다. 허리 돌리기부터 거꾸리까지 일곱 여덟까지 운동을 하면 아침 운동이 끝나고 자전거로 귀가한다.

한 가지 빼놓을 수 없는 것은 이동하면서 스마트폰을 이용하여 일본어 회화 공부를 한다는 것이다. 덕분에 일본어 실력이 늘어났다.

자투리 시간을 이용하여 쌓이고 쌓인 덕분이다.

지하철을 이용할 때에도 마찬가지이다.

오늘은 산에 오르고 내려오면서 인생길이 생각났다. 요 며칠 비가 와서 그런지 내리막길이 미끄러워 조심조심 발걸음을 내디뎌야 했다.

세상에서 어떤 목표를 정하고 도전해 큰 성공을 거두었다면 어느 시기에 겸손한 마음으로 조용히 내려와야 한다. 그런데 자만심에 빠져 세상을 우습게 여기는 사람들을 여럿 볼 수 있다.

누구도 정상에서 영원히 머물 수는 없다.

때가 되면 다 놓고 내려와야 한다. 돈도 명예도 지위도 권력도 모두 내려놓고 하산해야 한다.

그래서 하산 길이 더 어려운가 보다.

인생 백세 시대에 본격적인 하산 길에 접어든 것은 아니지만 서서히 내려갈 준비를 해야 할 나이가 됐다.

큰 욕심을 부리지 말고 이제 막 산에 오르는 젊은이들에게 용기를 불어넣을 수 있는 중늙은이가 되고 싶다.

아라뱃길 종주,
자전거 라이딩을 다녀오다

지긋지긋하게 내리던 장마철 비도 잠시 멈추었다.

이른 아침에 늘 하던 대로 자전거를 타고 테니스장에서 세 게임을 하고 왔다.

이 정도의 운동으로 충분한데 오후에 자전거 라이딩을 가자고 해서 흔쾌히 동의했다.

비가 올 듯 말 듯 하는 날씨라 라이딩 하는 데 최적이었다.

평소 읍내 이동이나 테니스장, 주말농장에 갈 때, 자전거를 이용하고 가끔 한강 주변을 돌곤 했지만 오늘같이 본격적인 라이딩은 사실 처음이었다.

일본 도쿄에서 지냈을 때, 자전거는 생활필수품이었다.

남녀노소를 불문하고 자전거를 이용하는 모습을 보고 적잖이 놀랐었다. 교통비가 비싸기도 하지만 그들의 검소한 생활은 본받을 점이 많았다.

오늘은 국토 종주를 준비하고 있는 '고촌테니스 동호회' 두 친구와 같이하는 길이라 초보자로서 좀 염려가 되었다.

아라뱃길은 김포와 인천의 뱃길을 연결하는 경인 운하 양쪽 길이다. 왕복 약 50km 정도로 약 2시간이 걸린다.

걷기에도 좋은 길이지만 자전거 전용도로가 잘 갖춰져 있어 라이딩 하기에 최적의 코스이다.

평일인데도 오가는 라이딩 족들을 흔치 않게 만날 수 있었다.

자전거는 하체를 단련하기에 딱 좋은 운동이다.

더불어 주위 경치를 볼 기회도 많고 오가는 길에 맛집들이 군데군데 있어 입도 즐겁게 할 수 있다.

자전거 라이딩을 제대로 하려면 준비물이 꽤 많다.

우선 자전거 자체를 철저하게 점검해야 한다.

그리고 부수적으로 갖춰야 할 것도 있다.

헬멧, 장갑, 거치대, 얼굴 막이, 선글라스, 물, 간편 먹거리 등을 꼼꼼하게 챙길 필요가 있다.

자전거는 그 값이 천차만별이다.

비싼 것은 수천만 원에 이른다고 한다.

가볍고 튼튼할수록 그 값이 올라간다.

내 자전거는 8년 전 5십만 원 정도 들어갔다. 가정용 수준이지만 웬만한 거리는 달리는데 아무런 문제가 없다. 마니아 수준이 아니라면 이 정도부터 시작하는 것도 좋으리라 생각한다.

이제 또 하나의 본격적인 취미가 생겼다.

테니스, 골프, 댄스스포츠, 등산 등과 함께 자전거 라이딩도 당당히 한 자리를 차지했다.

여기에 색소폰, 기타, 오카리나, 민요, 판소리 등은 인생 2모작의 삶의 질을 풍요롭게 하고 있다.

건강하게 오래 사는 것은 모든 이들의 꿈이자 소망이다.

이후로 4대강을 잇는 길을 비롯하여 전국의 명 코스를 서서히 정복해 나가야겠다.

"다리근육이 노인들의 건강 바로미터가 된다"라는 말이 있다. 자전거 라이딩이야말로 제격이다. 꾸준히 연마하여 자전거 마니아가 되고 싶다.

드라마 같은 야구, 믿을 수 없는 야구

나는 야구를 참 좋아한다.

초등학교 시절, 정식 야구선수로 뛴 경험도 있지만 보는 야구도 너무 좋아한다. 한때는 동대문운동장을 내 집처럼 드나들며 모교가 경기할 때에는 앞에 나가 응원단장을 자처하곤 했다.

야구 시즌에 접어들면 내가 응원하는 팀의 경기를 보기위해 일찌감치 TV 앞에 앉는다.

보통 서너 시간은 족히 걸린다. 아니 어떨 땐 너 댓 시간도 걸릴 때가 있다.

그렇지만 중간에 끊을 수가 없다. "야구는 9회 말 투아웃부터"라는 말도 있듯이 끝날 때까지 끝난 것이 아니기 때문이다.(It ain't over till it's over.)

어제(2020. 7. 28) 부산 사직구장에서 열린 1위 NC 다이노스 와 8위 롯데 자이언츠 경기에서 이변이 일어났다.

결과부터 얘기하면 롯데가 11 : 9로 이겼다.

7회 8 : 4로 뒤지던 NC 가 만루찬스를 맞이했다.

이때, 노진혁 선수가 그랜드 슬램을 달성하여 삽시간에 동점이 되었다. 비가 계속 내리는 가운데 9회 초에 노진혁 선수가 또 홈런을 때렸다. 약간 높게 들어온 볼성 타구를 그대로 찍는 듯이 때려 우측 담장을 넘겼다.

이때만 해도 NC가 역전승을 했구나 생각했다.

또다시 내리는 거센 비로 인해 73분이 지나 게임이 다시 속개되었다.

그런데 드라마 같은 일이 벌어졌다.

안타, 4구로 1, 2루에 나가 있는 찬스에서 롯데 정훈 선수가 다부진 모습으로 타석에 들어섰다.

이때가 밤 11시 30분이 넘은 시각이라 최초로 입장이 허용된 일부 관중들도 운동장을 거의 빠져나간 상태였다.

이때, 마무리 투수 원종현의 강속구를 강하게 받아쳐 좌측 담장을

넘기는 큼지막한 끝내기 스러런 홈 런을 날렸다.

이승엽 해설위원도 "믿을 수 없는 일이 일어났다."

이순철 해설위원은 "드라마도 이렇게는 못 쓴다"라고 평을 내렸다.

최근 두 팀은 지역 라이벌로서 만날 때마다 우열을 가리기 힘든 경기를 펼치고 있다.

지기는 했지만 NC 다이노스는 현재 전체 순위 1위를 달리고 있는 막강한 팀이다. 연타석 홈런을 때린 노진혁 선수가 빛을 바랬지만 대단한 활약을 펼쳤다.

야구와 인생은 똑 같다. 끝까지 가봐야 알기 때문이다.

댄스 그리고 콜라텍 예찬

우리네 가슴에 고정관념으로 남은 것이 많이 있다.

그 중에 하나, "댄스를 하면 바람이 나니 절대 해서는 안 된다"라는 것이 있다. 참으로 시대정신에도 뒤떨어지고 문화적(?)으로도 한 참 쳐지는 분들의 넋두리로 생각된다.

돌이켜 보니 사실 나도 남들보다 깨인 사람이라 자부했는데 겨우 40대 후반에야 댄싱이 음악과 운동을 결합한 종합예술이라는 것을 깨달았다.

특히, 춤은 남녀가 서로 호흡을 맞춰야 하므로 배려가 우선이다. 웃는 얼굴로, 감사하는 마음으로 스텝을 밟아야 스트레스도 해소되고 운동이 되는 것이다. 한마디로 신사적인 스포츠이다.

"춤은 노후의 보험이다"라는 말이 있다. 전적으로 동의하고 싶다.

인근의 복지관이나 동사무소 문화센터를 방문해 보시라.

가장 인기 있는 반이 사교댄스반과 댄스스포츠반이란다.

대부분 정년퇴직 이후 무료해서 배우려고 오는 중늙은이가 많다. 아직 늦지는 않았지만 "조금 더 일찍 배워둘 걸"하고 후회한다고 한다.

음악에 맞춰 춤을 추다 보면 만사를 잊고 시간 가는 줄을 모른다.

노년에 춤을 추면 건강과 행복감을 함께 증진할 수 있는 것으로 나타났다. 영국 퀸즈 대학교 조나단 스키너 박사는 노인들을 대상으로 사교댄스의 신체적·정신적·사회적 효과를 분석한 결과, 춤은 질병을 예방하고 노화를 늦추는 데 도움을 준다고 밝혔다.

노년을 대비해 사교댄스를 배우는 것은 노년기의 즐겁고 건강한 삶과 더불어 성공적인 노화를 돕는 일이라는 것이다.

"사교댄스는 사회적 고립감을 줄이고 나이가 들어감에 따라 늘어나는 통증을 없애는 데 도움을 준다"며 건강하게 장수하도록 돕고 무언가 즐긴다는 기쁨과 관심거리를 제공한다고 한다.

중국은 아침마다 공원에 모여 남녀가 함께 춤을 추고 서양에는 알다시피 춤이 일상화되어 있다.

나는 댄싱에 입문한 지 20년이 넘었다. 하지만 지금도 왈츠, 탱고 등을 돈 주고 배우고 있다. 배워도 배워도 끝이 없는 것이 춤이다.

지르박, 부루스, 도로토 등 사교댄스와 자이브, 룸바, 왈츠, 탱고 등 댄스스포츠를 나름대로는 잘 춘다고 생각하지만 아직 부족하다. 그래서 끊임없이 배운다.

춤은 바른 자세로 쉬지 않고 연습해야 되는 스포츠이다.

하루라도 쉬다가 하면 스텝이 꼬이고 자신감을 잃는다.

이제 댄싱은 내게 없어서는 안 될 은퇴 후 취미가 되었다.

아직 제비(?) 수준은 아니지만 누구와도 음악에 맞춰 춤을 출 수 있다. 앞으로도 계속 공부하여 댄스 박사가 되려고 열심히 노력하고 있다.

요즘 춤을 출 수 있는 콜라텍의 입장료가 대개 2천 원이다.

음악에 맞춰 한두 시간 운동할 수 있으니 비용도 적게 든다.

주위에 만나는 사람마다 댄싱을 권한다. 다들 하고 싶은 마음은 굴뚝같으나 너무 늦게 시작하여 열매를 맺기가 힘들다. 하지만 늦다고 생각할 때가 제일 빠르다는 말이 있다. 은퇴 후 3~40년간을 생각하면 6, 70대에 배워도 결코 늦지 않다.

'코로나19' 정국에 웬 콜라텍 예찬이냐고 할지 모르겠다.

이유가 있다. 콜라텍이 노인들의 건강증진과 행복발전소 역할을 충분히 한다고 생각되기 때문이다.

하루빨리 '코로나19'가 종식되기를 바란다.

콜라텍을 애용하는 실버들의 건강증진과 행복을 위하여.

테니스와의 인연 그리고 매력

'코로나19' 때문에 문을 닫았던 테니스장이 오늘부터 재개되었다. 열었다 닫았다를 몇 번이나 반복했는지 모른다. 폐쇄된 기간에는 아침 산행을 쉬지 않았지만 테니스가 몹시 그리웠다. 돌이켜 보니 나와 테니스의 인연이 참으로 오랫동안 이어져 오고 있다.

열아홉에 농협에 입사한 이후 서울 중앙본부로 발령을 받아 농협의 여자국가 테니스 대표선수에게 직접 레슨을 받았다.

점심시간이나 근무 시간이 끝나고 집중적으로 운동을 했다.

초등학교 시절에 정식 야구선수로 뛴 경험이 있어 쉽게 배워졌다.

하도 친절하고 멋있는 그 코치 선생님과 정이 들어 결혼을 생각하고 집에까지 찾아간 적이 있었다. 그 당시 학력이 짧았던 탓에 부모님들의 수준에 미치지 못해 승낙을 받지 못하고 발길을 돌렸다.

그 이후 가방끈이 짧은 내 단점을 보완하기 위해 미친 듯이 공부를 시작했다. 주경야독 끝에 명문 고려대학을 거쳐 경기대학에서 경영학 박사 학위를 취득하기에 이르렀다. 농협의 지점장을 역임하고 농협대학의 경영학과 교수로 영전하는 기쁨도 누렸다.

나아가 일본 동경학예대학의 초청을 받아 외국인 연구자로서 1년간 유학까지 갔다 오는 영광을 누렸다.

내 인생의 변곡점이자 터닝 포인트가 된 것이다.

지금 와서 생각하니 내가 여기까지 오게 된 계기가 그녀의 부모님들이 학력 부족을 결혼 반대로 내세웠는데 오히려 그 일로 인해 상상도 할 수 없는 데에까지 올라갔었다. 결혼까지 이어지진 못했지만 그 이후에도 늘 감사하는 마음으로 지내 왔다.

참 아이러니하다.

배우지 못했다고 내 폐부를 찌르는 그 한 마디가 얼마나 가슴이 아팠던지 이를 악물고 공부에 매달렸다.

이렇듯 테니스는 내 인생의 큰 전환점을 안겨준 인연이었다.

그 이후 동네 테니스장에 고정 멤버로 가입하여 지금까지 이어져 오고 있다. 가끔 직장 내 테니스대회에도 출전하고 지역의 각종 대회에도 나가 우승 상패도 받았다.

주위를 살펴보니 그 당시 같이 즐겼던 동료들이 대부분 테니스를 끊었다.

그 사유는 가지가지이다. 무릎이나 어깨가 나간 사람, 골프에 빠져 아예 테니스와 담을 쌓은 사람 등 다양하다.

사십 년 전만 하더라도 하얀 바지에 테니스 라켓을 들고 다니면 멋이 났었다. 그런데 언제부터인가 테니스장이 줄어들고 동호인들도 많이 떠났다.

하지만 난 아직이다. 요즘도 매일 아침 테니스장에 나가는 것이 주요 일과가 되었다. 어떤 때는 내 혼자서 벽치기를 하는 때도 있다.

오른손잡이인 내가 왼손으로도 연습하다 보니 어느새 양손잡이가 되었다.

복식 게임에서 양손잡이는 여러모로 유리하다.

아직도 웬만한 실력자들과 게임을 해도 별로 쳐지지 않는다.

테니스는 정말 신사적인 운동이다.

서브를 넣을 때, 공손하게 인사를 올리고 네트에 볼이 맞고 상대편에 떨어지면 반드시 미안하다고 인사를 건넨다. 스매싱 찬스가 있어도 상대편 선수를 향해서 직접 때리지 않는다.

이외에도 게임 중에는 같은 편 선수에게 훈계나 기분 나쁜 얘기를 절대 해서는 안 된다.

그런데 이러한 기본적인 수칙을 어기고 제멋대로 볼을 치는 사람이 종종 있다. 한마디로 매너 없는 친구들이다.

이런 친구를 만나면 게임 중에도 화가 나기 마련이다.

몇 번 경고했는데도 계속하면 폭발하고 만다.

다음부터는 그 친구와 같이 게임을 하지 않으려 한다.

스트레스 해소하러 왔다가 오히려 쌓이게 마련이기 때문이다.

지난 45년 동안 이런저런 사람들을 만나 왔다.

테니스를 진짜 사랑하는 나머지 동호인들과도 친해지려 노력을 많이 해왔다. 때론 바보가 되어 보기도 하고 먼저 베풀기도 하였다.

다행히 지금까지 크게 원수진 사람은 없다. 오히려 문제가 발생했을 때, 모임의 리더로서 중재 역할을 잘 해왔다.

일본에서 지낼 때도 테니스는 이어졌다. 주로 공원에 공용테니스장이 설치되어 있는데 남녀불문하고 노인들이 많이 즐기고 있었다. 내가 살던 도쿄의 고가네이 시에 있는 테니스장에는 여든이 넘는 분들도 여러 분이 계셨다. 2~3십 분이 넘는 거리이지만 다들 자전거를 타고 오는 검소함을 엿볼 수 있었다.

나도 건강이 허락하는 한 테니스장을 다닐 생각이다.

아침 운동으로서 제격이고 너무 재미있어서이다.

물론 골프나 댄스스포츠 그리고 자전거 라이딩, 등산 등을 같이 하면서 계속 이어갈 참이다.

유럽이나 미국은 골프보다 테니스가 오히려 비용이 많이 든다고 한다.

우리는 한 달에 3만 원만 내면 실컷 칠 수 있으니 비용이 저렴하다.

오늘 아침은 나이에 비해 너무 무리했다. 단식 한 게임에다가 복식 3게임을 쎄빠지게 쳤으니 육십 대 후반의 노인에게는 좀 무리다.

이후로는 게임 수도 줄이고 젊은이들처럼 너무 세게 치려고 하지 말아야겠다. 이제 나이에 걸맞게 영감 테니스로 바꾸어 승패와 관계없이 즐길 수 있도록 노력해야겠다.

좀 욕심을 내서 앞으로 2~3십년 더 라켓을 잡으려면 체력을 안배해 나가야 하니까.

테니스는 내 인생길에서 만난 참 좋은 운동 친구이다.

우리의 사랑이 주욱 이어지길 진심으로 바란다.

골프와 함께한 30년 세월

은퇴 이후에도 골프를 칠 수 있다면

우리나라에서 은퇴 이후에도 골프를 계속 칠 수 있다면 대단한 행운이라 할 수 있다. 미국이나 호주 같은 나라는 노인들에게 적극적으로 골프를 장려하여 이용 횟수에 따라 보험료까지 깎아주는 제도를 시행하고 있다. 부럽다. 그만큼 운동이 되고 골프가 노인들의 건강에 딱 좋기 때문이다.

골프에 재미를 붙인 사람이라면 다들 알겠지만 정 떼기가 참으로 어렵다. "골프의 가장 큰 단점은 너무 재미있다"라는 역설적인 얘기가 있을 정도이다.

은퇴 이후에도 일주일에 서너 번 골프장에서 사는 성공한 노인들이 있다고 한다. 그 이유를 듣자니 그럴듯하다.

최근 미국의 한 연구에서 치매라 할 수 있는 알츠하이머를 예방하는 데 독서나 운동 등 그 어느 것보다 좋은 것이 골프라고 결론이 났다고 한다.

이러다 보니 남편이 골프장에 간다면 쌍수를 들고 부인들이 환영한단다. 치매에 걸려 요양원에 보내는 것보다 건강을 유지하는 것이 더 중요하기 때문이다.

아직도 예쁜 미녀와 골프 중 어느 하나를 택하라는 질문에 골퍼들은 하나같이 골프를 택한다는 전설 같은 이야기가 전해 내려온다. 그 만큼 매력이 넘치는 운동이다. 너덧 시간을 필드에서 걷고 시원하게 샷을 날리면 온갖 스트레스가 다 날아간다.

　우리나라 대표적인 골프 애호가로서 90을 넘기고 세상을 떠난 정치인 JP(김종필 전 총리의 애칭)를 꼽을 수 있다. 그의 골프사랑은 아무도 못 말릴 수준이었다.

　실제로 YS와 DJ정권에서도 사실상 2인자로 있으면서 서슬 퍼런 골프금지령을 내렸음에도 아랑곳하지 않고 "내 건강 누가 지켜주느냐"며 필드를 찾을 정도였으니 더 말해 무엇 하겠는가.

　그의 골프 예찬론을 들어 보자.

　"골프는 평생 칠 수 있는 최고의 운동이다. 골프의 기본은 걷는 것이다. 햇볕과 상쾌한 바람을 맞으면서 필드를 걷는 것이야말로 건강에

더할 나위 없이 좋다. 골프보다 더 좋은 운동은 세상에 없다."

사실 그렇다.

이렇게 좋은 골프지만 치명적인 단점이 있다.

바로 비용이다. 미국에서는 한 번 라운딩 시 1~2만 원 정도면 충분한데 우리는 그 열 배 이상이 든다. 그러다 보니 골프하면 우선 부정적으로 생각하는 사람들이 많다. 돈 많은 사람이나 하는 운동으로 잘못 알고 경원시하고 있는 모습을 본다.

그래서 요즘은 필드 대신에 스크린골프를 즐기는 골퍼들이 늘고 있다. 만오천 원에 18홀을 돌 수 있어 은퇴 자금이 부족한 베이비부머 골퍼들에게 인기가 만점이다.

돌이켜 보니 내가 30대 중반부터 골프채를 잡았으니 근 30년이 넘었다.

그동안 골프의 박사학위라 할 수 있는 싱글 패를 비롯하여 이글 패에다가 심지어 홀인원 패까지 받았으니 삼종 세트를 다 갖췄다.

이제 더 이상 욕심이 없다. 한 달에 한두 번 필드를 찾고 스크린골프를 즐기고 있다. 아직도 아침 산행을 할 때, 나만의 장소에서 아이언 연습을 게을리 하지 않고 있다. 싱글 실력도 여전히 유지하고 있다.

넉넉지 않은 은퇴 자금 때문에 골프를 접어야 할까 말까 고민하고 있지만 지금도 이 좋은 골프를 끊지 못하고 있다. 물론 때가 되면 자연적으로 끊어지겠지만 참으로 질긴 인연이다. 주위에 칠십이 넘은 선배들이 왕성하게 골프를 치는 모습을 보면 부럽다.

골프는 행복한 인생 후반 길에 분명히 도움이 된다.

약간의 여유가 된다면 지금부터라도 채를 잡아 보시라. 지금 있는 돈을 죽을 때, 싸 가지고 갈 수 없다. 다소 비용이 든다고 해도 건강을 지킬 수 있으니 병원비 대신 쓴다고 생각하면 그리 아깝지 않다. 지금 채를 잡아도 결코 늦지 않다.

골프는 우리의 노후를 절대 배신하지 않을 것이다. 그리고 건강수명을 연장하여 행복한 노후를 보낼 수 있다.

스크린골프의 매력

오늘같이 비가 오는 날이면 스크린골프가 제격이다.

비용도 저렴하고 골프의 이점을 충분히 즐길 수 있기 때문이다.

사실, 요즘같이 '코로나19'로 인해 각종 모임이 금지되고 있어 스트레스를 해소하는 데에도 이만한 게 없다.

은퇴 이후, 고급스러운 골프장을 찾기란 비용 면에서 쉽지 않다. 어지간한 부자가 아니면 한 번에 이십만 원 내외의 비용이 드는데 감당이 불감당이다.

그래서 대안으로 나온 것이 스크린골프이다.

평일 만 오천 원, 주말 이만 원 정도면 대여섯 시간을 즐길 수 있다. 식사 한 끼를 하더라도 삼만 원이 들지 않는다.

혹자는 스크린골프를 극구 말린다.

그 사유가 이렇다.

좁은 밀폐된 공간에서 탁탁 치면 먼지가 날려 기관지에 안 좋다는 것이다. 필드에 나갈 때 별 도움이 안 된다고 사유를 하나 더 붙이는 부자 골퍼 친구들도 있다.

하지만 웬만한 스크린골프장은 환기장치가 잘 되어 있다. 옛날같이 담배도 못 피우게 되어 있다.

그래서 이런 결론에 이른다.

은퇴 이후 집에 있는 것보다 백 번 천 번 낫다는 것이다.

운동도 되고 유쾌하게 웃을 수도 있다.

자동으로 스트레스가 해소되어 정신건강에도 좋다.

골프채를 버리지 않는 한 스크린골프를 끊을 수 없다.

하다 보면 오늘같이 신들린 샷으로 가장 어렵다는 가상의 골프코스 인 '마스터스 아일랜드CC'에서 싱글을 달성할 수도 있다. 하도 기분이 좋아 동반자들에게 저녁 식사를 대접했다. 지공도사 자격증을 취득한 기분도 있고 해서.

스크린골프는 당당히 내 취미로 자리 잡고 있다.

앞으로도 "동반자를 즐겁게 나를 즐겁게"의 오랜 골프모토를 지켜가 면서 건강을 다져 나가려 한다.

행복을 가져다주는 주말농장

은퇴 이후 농촌으로 내려가 농사를 짓고자 하는 베이비부머가 적지 않다. 나도 고향에 조그만 과수원이 있지만 직접 내려가 농사를 짓지는 못하고 있다. 대부분 여러 가지 제약이 있어 결단을 내리기가 쉽지는 않을 것이다.

대신에 집 근처 농장의 한 자리를 빌려 매년 농사를 짓고 있다. 내가 20년 째 사는 김포 고촌은 말이 경기도이지 서울과 붙어 있어 은퇴 이후 살기에 딱 좋은 지역이다.

서울 시내까지 2~30분, 김포공항 15분, 인천공항 30분 거리인 데 비해 공기 좋고 집값도 저렴하니 적극적으로 추천하고 싶다.

올해에도 한 열 평 남짓 땅에 상추, 오이, 쑥갓, 고추, 토마토, 배추, 무 등을 심었는데 이제 수확기에 이르렀다. 언제 자랄까 싶었는데 이렇게 싱싱하게 자랐다.

매일 아침, 운동을 끝내고 정성스레 가꾼 덕분이라 생각한다. "농작물은 주인의 발소리를 듣고 자란다"라는 말이 있다.

풀도 뽑고 지주를 세우고 물도 넉넉하게 주어야 잘 자란다는 사실을 알고 있기에 비 오는 날을 빼고는 부지런히 돌봐 왔다.

농장을 가꾸면서 보람은 싱싱한 채소를 직접 밥상에 올리는 것이다. 상추, 쑥갓, 고추에다 고추장을 넣어 한입에 쏘옥 넣어 먹으면 그 맛이

천하제일이다. 무엇보다 우리 이웃에게 그저 주는 재미가 더 쏠쏠하다는 것이다.

어제는 입사 동기 친구들을 초청하여 각자가 수확해서 한 보따리 안겨 주었다. 거기다 고촌의 맛집으로 가서 저녁 식사까지 대접해 보냈다. 기분이 너무 좋았다.

특별히, 다니는 교회 식구들에게 점심 반찬으로 싱싱한 채소에다 삼겹살을 더하니 모두 좋아라고 한다. 동네에서 친하게 지내는 분들에게도 정성껏 수확해서 전하고 있다. 이렇듯 작은 농사이지만 주말농장은 삶의 기쁨을 주는 행복발전소의 역할을 톡톡히 하고 있다.

오늘도 같은 아파트에 사는 포럼식구에게 새로 산 비닐봉지에 여러 가지를 담아서 전했다. 진한 사랑의 냄새가 풍겼다.

농사를 짓다 보면 재미가 있고 행복도 있다. 고독과 외로움을 날리고 식단도 풍요롭게 할 수 있다. 은퇴 이후 시간이 많은 베이비부머에게 주말농장을 강력히 추천하고 싶다.

노인의 지혜편

'코로나19' 시대를 살아가는 지혜

'코로나19' 시대의 고민

'코로나19'가 심상치 않다.

전문가들은 앞으로 최소 1~2년 많게는 4~5년까지 간다는 예견을 하고 있다.

어느 특정한 국가만이 아니라 전 세계로 퍼졌으니 인류에게 내린 재앙이라 할 수 있다.

'코로나19' 팬데믹(pandemic)이 시작된 지 어느덧 1년이 넘었다. 계속 현재 진행형이다.

미국, 영국 등 최선진국에서조차 이 바이러스를 시원하게 퇴치하지 못하고 있다. 오히려 확산 일로에 있다.

이제 사람이 모이지 않는 이른바 언텍트(untact) 시대가 시작되었다.

"모이면 살고 흩어지면 죽는다"라는 속담이 완전히 거꾸로 되고 말았다.

그러다 보니 사람이 모여야 벌어 먹고살던 직업이 망하게 되었다. 이른바 관광, 식당, 백화점 심지어 강사 시장까지 문이 닫히게 생겼다.

인공지능(AI) 시대를 앞당기는 촉매제가 될 것이다.

이럴 때일수록 재빨리 변신에 성공하여 돈벌이와 시간을 보내는 사람들이 있다.

요즘 뜨고 있는 크리에이터(creator) 분야 즉, 1인 방송으로 불리는 유튜브 제작이 한 예이다. 이용자 수가 많으면 한 달에 수백만 원 정도의 수입을 올린다니 솔깃하게 들린다. 하지만 여기에도 자신 삶의 상당 부문을 투자해서 얻어낸 대가라고 생각한다.

어떻게 살아가야 하나? 문제는 지금의 젊은 세대들이다. 물론 준비되지 않은 은퇴 세대들도 마찬가지다.

앞길이 막막하다. 말 그대로 한 번도 가본 적이 없는 길이기에 더욱 그렇다.

한편, 인류는 환경에 잘 적응하며 살아왔다. 어떻게든 살아나가겠지만, 남들보다 앞서가려면 두 배 이상 노력해야 한다. 위기는 위험이자 기회이기도 하다.

"이것 또한 지나가리라"

여러 교통수단 가운데 가장 안전한 수단은 비행기이다. 하지만 탈 때마다 늘 불안하다. 내가 사고를 당할 확률은 거의 없음에도 불구하고 만에 하나라도 사고를 당한다면 살아날 가망이 없다는 두려움이 엄습하기 때문이다.

이번 '코로나19'도 마찬가지다. 오천백만 명 가운데 내가 걸릴 확률은 사실 거의 없다.

그러함에도 너무 과잉반응을 하게 된다. 언론 탓도 크다. 요즘, 사람이 모이는 장소는 무조건 폐쇄하고 보니 부작용도 생긴다.

예를 들어 테니스장은 멀리 떨어져서 공을 치기 때문에 감염의 위험이 없다. 더구나 운동하므로 나쁜 균에 대한 저항력 즉, 면역력이 길러져 감염의 위험을 줄일 수 있다.

돌이켜 보면 수많은 전염병이 많은 이들을 괴롭히고 지나갔다.

하지만 치료약과 백신이 개발되어 결국 인간을 굴복시키지 못했다. 죽음의 병이라던 AIDS도 이젠 치료약이 개발되어 제 수명을 다 누릴 수 있게 되었다.

이번 '코로나19' 바이러스도 반드시 정복할 수 있을 것이다. 좀 시간이 걸리겠지만.

"이것 또한 지나가리라."

'코로나19' 블루('코로나19' 우울증)를 이기는 길

신종 '코로나19' 바이러스 감염증(코로나19)이 1년여 온 지구를 뒤덮으며 보통 사람들의 평범한 일상을 앗아갔다.

이 바이러스는 사람 간에 옮기는 탓에 사회적 거리 두기가 오래 이어지면서 만남이라는 낱말이 우리 곁을 떠난 지 오래되었다.

다른 선진국보다 유난히도 많은 개인사업자가 거리로 나앉게 생겼다. 그렇지 않아도 어려웠는데 불난 집에 부채질하는 격이다. 정부에서도 마땅한 지원책이 없다.

이러니 멀쩡한 사람도 병이 나게 생겼다.

집콕, 언택트에 이어 신조어가 또 하나 생겼다.

'코로나 블루'이다.

'코로나19'와 '우울증(blue)'의 합성어이다.

최근 한국건강증진개발원에서 '코로나19로 인한 건강 상태'를 주제로 설문 조사를 한 결과 전체 응답자의 40.7%가 코로나 블루를 경험했다고 한다.

구체적인 증상으로는 사회적 고립감(32.1%), 감염 확산에 따른 건강 염려(30.7%), 일자리 불안(14.0%) 등의 순이었다.

해결책은 하루빨리 이 바이러스를 퇴치해서 일상으로 되돌아가는 것이다. 백신이 나와 일단은 안심이다.

하지만 상처가 깨끗하게 아물지는 않을 것 같다.

제2, 제3의 변종 바이러스가 생기고 또 다른 바이러스가 지구촌을 찾아올지 모르기 때문이다.

이대로 주저앉을 수는 없다.

우선 개개인이 방역수칙을 철저히 지켜서 더 이상의 확산을 막아야 한다.

당분간 남과 더불어 하는 운동은 어려울 것이다.

따라서 이 책의 주제인 '혼자서도 고물고물 잘 놀 수 있는 법'을 배워야 한다. 그것이 코로나 블루를 이기는 길이다.

'감정조절', 꼭 필요할 때이다

'코로나19'가 수도권을 중심으로 계속 맹위를 떨치고 있다. 적당한 거리 두기와 모이는 장소를 다 막아 버리니 우울, 짜증, 분노 등 각종 스트레스가 쌓여간다.

이럴 때 자칫하면 내면의 화산이 폭발할 수 있다.

백두산 밑에는 언제 터질지 모르는 다량의 용암이 흐르고 있다는데 우리 내면에도 보이지 않는 감정의 용암이 쌓이고 있다.

자연 현상은 어쩔 수가 없으나 사람의 감정은 조절할 수 있다고 한다. 여기에는 적당한 휴식, 명상, 감정이완 훈련 등이 있다. 폭발을 사전에 방지하는 노력이다.

그런데 현실적으로는 이게 쉽지 않다.

다들 어려운 가운데 참고 지내는데 일부 여유 있는 자들이 가슴을 후벼 파는 얘기를 하면 참아 내기가 정말 어렵다.

내 나이 이제 67세이다.

나라에서도 공식적으로 노인 대접을 한다.

60, 이순(耳順) 즉 귀가 순해져 모든 말을 객관적으로 듣고 이해할 수 있는 나이를 벌써 넘었다.

아니 70, 종심(從心) 즉 뜻대로 행해도 어긋나지 않는 나이를 바라보고 있다.

공자(孔子)가 한 말이라 요즘 100세 시대에 맞지 않을지도 모른다.

아직도 젊다고 착각하고 가끔 분노를 폭발할 때가 있는 설익은 내가 밉다.

이제부터라도 나잇값을 하고 살아가야겠다.

아래의 글, '회심'이 더 의미심장하게 읽힌다.

회심(回心)

남을 미워하면
저쪽이 미워지는 게 아니라
내 마음이 미워진다.

부정적인 감정이나
미운 생각을 지니고 살아가면
그 피해자는 누구도 아닌
바로 나 자신이다.

하루하루를 그렇게 살아가면
내 삶 자체가 얼룩지고 만다.

인간관계를 통해 우리는
삶을 배우고 나 자신을 닦는다.

회심(回心)
곧 마음을 돌이키는 일로써
내 삶의 의미를 심화시켜야 한다.

맺힌 것은 언젠가
풀지 않으면 안 된다.
이번 생에 풀리지 않으면 언제까지
지속될지 알 수 없다.

미워하는 것도 내 마음이고
좋아하는 것도 내 마음에 달린 일이다.

- 법정, 류시화, 「살아있는 것은 다 행복하라」 중에서 -

1955년생 어쩌다 할배

한국의 1차 베이비부머는 1955년에서 1963년, 9년에 걸쳐 태어난 사람들을 말한다. 약 730만 명에 이른다.

그중에 맏형인 1955년생은 71만 명이며 2020년도에 만 65세가 되어 국가공인 노인 반열에 오르게 되었다. 이른바 지하철을 공짜로 타는 '지공도사'가 된 것이다.

나를 비롯한 대부분의 1955년생 양띠들은 젊다. 아직 노인이라는 소리를 듣기에는 좀 이르다는 생각이 든다. 문제는 노후 준비가 충분하게 되어 있지 않다는 것이다.

자식이 완전히 자립하지 못하고 연로한 부모님이 아직도 살아 계신다. 아래위로 섬겨야 하는 이른바 꽉 끼인 세대이다.

국가공인 노인이 되면 지하철 무료승차를 비롯하여 여러 가지 혜택을 받게 된다. 하지만 대부분 준비된 은퇴 자금이 부족한 실정이다.

이제 100세 시대이다.

앞으로 최대 30년 이상 남은 세월을 버텨내야 한다. 그래서 젊은 노인들이 마냥 뒷방에서 지낼 수 없다.

어쩌면 평생 현역으로 살아가야 할지 모른다. 허드렛일이라도 해야 먹고 살 수 있다.

돌이켜 보니 1955년생들은 베이비부머 첫해에 태어나 힘든 인생여

정을 살아왔다. 다행히 여러 경쟁을 용케도 뚫고 살아남았지만 어두운 미래가 더 걱정이다. 자식 세대가 잘살아야 노후가 그나마 편안할 텐데 말이다.

풀었던 허리띠를 다시 동여매야 할 판이다.

후세들에게 짐이 되지 말아야 한다. 그러려면 힘차게 뛰어야 한다. 살아있을 동안 건강하게 내 돈으로 살아내야 한다.

1955년 신참 노인들이여, 경로석에 앉지 말고 당당하게 젊은 노인으로 살아내자.

나부터 실천해야겠다.

드디어 '지공도사' 자격증(?)을 취득하다

오늘(2020. 7. 14)은 내 인생에 참으로 의미가 있는 날이다.

만 65세가 되는 날이기 때문이다.

언제부터인가 오늘을 기다려 왔는데, 드디어 그날이 온 것이다.

여러 사(士) 자(字) 가운데 이번에 딴 것은 국가에서 나이가 되면 자동으로 부여하는 자격증이다. '지공도사'이다.

이는 "지하철을 공짜로 타는 도사"라는 의미이다. 웃자고 붙인 이름인데 실제로 나라에서 큰 혜택을 준 것이다. 지하철 무료승차 이외에도 KTX 주중 30% 할인, 국공립공원 무료입장 등 수 많은 혜택이 주어진다고 한다.

한편으로는 책임이 무거워진다.

100세 시대에 지하철을 공짜로 타고 다니면서 그냥 허송세월을 보낼 수는 없다. 낮은 자세로 이 사회를 위해 조그마한 것이라도 이바지해야 한다.

앞으로 살아갈 지침으로 세 가지가 우선 생각이 난다.

첫째, 긍정적인 생각을 가져야겠다.

스트레스를 주지도 받지도 말자.

무엇보다 상대편의 처지에서 생각하여 인간관계에서 절대로 화를 내지 않는 부처가 되기를 다짐한다.

둘째, 운동을 꾸준히 하여 건강을 유지해야겠다.

수십 년째 테니스, 등산, 근육운동 등 아침 운동을 해왔으니 앞으로도 중단하지 말고 계속 이어 가고자 한다.

골프는 너무 좋아하지만 비용이 너무 많이 든다. 될 수 있으면 줄여 나가야겠다.

셋째, 공부와 취미생활, 봉사 그리고 일을 꾸준히 해야겠다.

일본어와 전공과목 그리고 취미활동을 통해 삶의 질을 높여 나가야 한다. 교회 봉사활동을 비롯하여 내가 필요로 하는 곳에 헌신을 멈추지 않을 것이다. 텃밭을 가꾸는 일도 재미가 쏠쏠하고 이웃 지인들에게 주는 재미도 크다.

이제부터의 삶은 신(神)이 내려준 덤 인생이다.

감사하면서 하루하루가 내 남은 인생의 마지막 날이라 생각하고 알차게 보내고 싶다.

지금까지 많은 분의 도움으로 대과가 없이 잘 지내 왔다. 앞으로도 많은 신세를 지겠지만 이제는 내가 더 많이 주면서 살아가야겠다.

지하철을 공짜로 탈 수 있는 특혜를 부여받았다.

하지만 지하철의 경로석에는 될 수 있으면 앉지 않을 것이다.

그리고 출퇴근 시간에는 이용을 자제할 것이다.

일하는 젊은이들을 위해.

나아가 이웃을 위해 공짜로 퍼주는 '지공도사'가 되고 싶다.

수많은 혜택을 거저 받았으니 나도 거저 주는 것이 마땅하니까.

꼰대의 3대 요소

꼰대는 일반적으로 늙은이를 이르는 말이다.

그리고 권위적인 사고를 가진 어른을 비하하는 학생들의 은어로 사용되고 있다. 요즘은 꼰대 질을 하는 사람을 가리키는 의미로도 사용되고 있다.

이러한 꼰대의 3대 요소로 엄숙, 근엄, 진지를 들 수 있다.

첫째, 엄숙이다.

말이 없고 표정도 없다. 늘 침묵만 흐른다.

이런 사람과 함께 있으면 그냥 피곤해지고 긴장된다.

둘째, 근엄이다.

표정이 마치 화가 난 것 같고 목소리도 쫙 깔린다.

소리를 낮게 깔면 권위가 있다고 생각하기 때문이다.

셋째, 진지이다.

한마디 하면 내용이 사뭇 진지하다. 농담은 거리가 멀고 가끔 하는 본인의 유머는 진지하다. 본인만 웃는다.

이렇듯 엄숙, 근엄, 진지는 전형적인 꼰대의 특징이다.

그런데 문제는 꼰대가 자신이 꼰대인 줄 모른다는 데에 있다.

시대가 변해가고 있다.

사람들이 돈을 쓰는 기준도 바뀌고 있다.

가성비(가격대비 성능의 비율을 중시)에서 가심비(가격대비 마음의 만족을 추구하는 소비형)로 나아가 가재비(가격대비 재미있는 것에 기꺼이 돈을 쓰는 소비형)로 발전하고 있다.

한마디로 개인의 만족을 극대화하는 방향으로 나아가고 있는 것이다.

이러한 때에 꼰대 질을 한다면 시대를 역행하는 것이다.

나이가 들어도 마음만은 젊게 살아야 한다.

적극적으로 베풀고 엄숙이 아닌 상냥함으로, 근엄이 아닌 친숙함으로, 진지가 아닌 (똑똑한)바보가 되어야 한다.

그래야 노년의 일상이 즐겁다.

그래야 건강수명이 길어진다. 웰다잉으로 이어질 수 있다.

나이가 들어감에 따라 나도 모르게 꼰대 기질이 나오려 할 때가 있다. 나이든 것이 큰 벼슬도 아닌데 말이다.

"항상 웃자. 모두에게 감사하자. 바보가 되자."

내 좌우명을 다시 쳐다보면서 꼰대 소릴 듣지 않도록 다짐해 본다.

천천히 서둘러라

Slow down and hurry up.

천천히 서둘러라. 이율배반적인 표현이다.

이는 로마의 황제 아우구스투스의 좌우명이라고 한다.

수많은 등산가의 격언이기도 하단다.

즉, 빨리 가면서 자주 휴식을 취하는 것보다 계속해서 천천히 전진하는 쪽이 더 좋다는 것이다.

훌륭한 등산가는 느긋하게 산을 오르며 풍경을 즐기면서 올라갈 수 있는 속도를 항상 유지한다.

세상에 조바심으로 성공한 사람은 없다.

성급하게 뛰어든 사람의 후일담은 대개 실패담이다.

천천히 하면 포기하지 않게 된다.

아무리 바빠도 천천히 가야하는 이유이다.

결국, 천천히 그리고 꾸준하게 실천하는 사람에게 성공은 함께 한다.

우리는 인기에 도취해서 물불을 가리지 않고 전진하다가 깊은 낭떠러지로 떨어지는 경우를 허다하게 보고 있다.

인간의 끝없는 욕심이 불러온 결과이다.

오늘 못다 한 일은 내일 하자.

내일도 못 할 일 같으면 잊어버리자.

그것이 중요한 일이면 우리 삶에 언젠가 나타날 것이다.

그때 해도 늦지 않다.

특히, 은퇴자에게 서두름은 금물이다.

남은 세월이 얼마 되지 않는다고 생각해서 매사 서두를 수 있다. 결과물을 빨리 보고 싶은 것이다.

하지만 조바심으로 성공한 사람은 손꼽을 정도이다.

천천히 서두르는 것은 게으름과 다르다.

조금씩 조금씩 쌓아 가는 것이다.

이웃에 대한 작은 베풂이 쌓이면 내게 큰 행복으로 되돌아온다.

꼭 하고 싶은 취미생활도 조그만 노력이 쌓이면 전문가 수준까지 올라갈 수 있다.

십여 년 전부터 책을 읽고 꾸준히 글을 써 오고 있다.

언젠가 작은 열매가 맺히리라 믿는다.

이웃 나라 일본을 제대로 알기 위해 매일 일본어를 공부하고 있다. 일본 도쿄에서 1년을 살아보고 계속 조금씩이라도 공부하니 실력이 몰라보게 늘었다.

언젠가 한일관계가 좋아지면 내가 할 수 있는 역할이 있으리라.

인간 만사를 천천히 서둘러야겠다.

길게 보면 천천히 가는 것이 승리의 길이다.

거북이가 토끼를 이기듯이.

늘그막에 다시 보는 나의 좌우명

좌우명(座右銘)은 늘 자리 옆에 갖추어 두고 가르침으로 삼는 말이나 문구이다. 항상 책상 옆에 놓아두고 조석(朝夕)으로 바라보면서 스스로 반성과 격려의 채찍으로 삼는 격언이나 명언을 일컫는다고 한다.

이 좌우명은 중국 후한의 학자인 최자옥에서부터 시작되었는데 그는 좌석의 오른쪽(右)에 좋은 글을 쇠붙이에 새겨 놓고 항상 생활의 거울로 삼았다고 한다.

나는 오래전부터 직장생활과 험한 세상에 적응하기 위해 "항상 웃자. 모두에게 감사하자. 바보가 되자"를 좌우명으로 삼았다. 어릴 때부터 성경을 가까이하여 힌트를 얻었지만, 여기에는 기독교, 불교, 유교 등을 총망라한 나만의 생활 철학이 담겨 있다. 칠십을 저만치 바라보는 지금까지 이 좌우명이 큰 삶의 지침이 되었다. 아직도 많이 부족하다. 이 땅을 하직하는 날까지 붙잡고 가야겠다.

먼저, "항상 웃자"이다. 가난한 농부의 아들로 태어나 수많은 고초를 겪으며 유년 시절을 보냈다. 소위 한국의 전후 베이비부머 세대에 해당하는 나 같은 사람들은 웃음을 잃고 살아왔다. 각종 기념사진에 나와 있는 얼굴을 보면 한결 같이 심각한 모습을 하고 있다.

그런데 세상이 바뀌었다. 이젠 잘 웃고 잘 웃기는 사람을 세상이 요구하고 있다. 선거 벽보에도 환하게 웃는 사진이 대세이다.

심지어 유머 있는 사람 즉, 재미있고 잘 웃기는 남자가 신랑감 후보 1~2순위로 올라서고 리더십에도 유머가 꼭 필요한 요소가 되었다.

인도의 빈민가 콜카타에서 조건 없는 인간 사랑을 펼친 20세기 성인으로 꼽히는 테레사 수녀의 말이다.

> "늘 웃어요. 웃음도 전염되니까. 더 많이 웃을수록 기쁨은 더 커지죠. 미소 짓는 건 사랑의 첫 번째 표현이자 하느님께 대한 우리 사랑의 표시에요."

참 좋은 말이다.

웃는 것도 훈련이 필요하다. 나는 아침에 일어나자마자 양쪽 볼을 한껏 위로 당긴다. 입꼬리와 눈꼬리까지 위로 올리면 웃는 얼굴이 만들어진다. 조그만 웃을 거리도 소리 내어 크게 웃어 본다. 세월이 흐르니 나도 모르게 웃는 얼굴로 모습이 바뀌었다. 하지만 나이 들어감에 따라 점점 웃음의 횟수가 나도 모르게 줄어드는 것 같다. 오히려 조그만 일로 화를 참지 못하는 일이 늘어났다. 이것이 다시 웃어야만 할 이유이다.

두 번째로 "모두에게 감사하자"이다. 직장생활 40년을 끝내고 대학의 강사, 초청 강사로 지내다 보니 이것을 좌우명으로 정한 것이 참 잘했다는 생각이 든다. 사실 내게 잘하는 사람들에게 내가 잘하는 것은 그런대로 했다고 본다.

그런데 지금까지 살다 보니 어느 조직에서나 나에게 상처를 주는 사람이 한 명 이상은 꼭 있었다는 사실이다. 그들이 전부 다 나의 인생에 있어서 원수(?)가 된 것은 아니라는 사실이다.

예를 들어 혹독한 지시로 인간 이하의 대접을 하는 상사를 통해서는 주경야독으로 끝까지 공부하여 목표를 달성함으로 복수(?)를 하였고 시기심이 지나쳐 음해하고 마음의 상처를 입힌 자로부터는 교만하지 말고 잠시 쉬어 가라는 삶의 멋도 체득하게 하였다.

은퇴하고 보니 사람들과의 만남의 횟수가 점점 줄어든다. 그래도 운동이나 취미생활을 하면서 사람들을 만나게 된다. 그중에 옛 버릇을 못 버리고 아직도 현직인양 착각하고 멋대로 구는 사람이 있다. 조그만 일로 오해하거나 눈에 띄게 기회주의자도 있다.

물론, 이들에게도 감사할 거리를 찾아보면 한두 가지는 있다. 남은 세월이 얼마나 된다고 찬밥 더운밥 가리게 생겼는가. 모두에게 감사하고 살아가자.

세 번째로 "바보가 되자"이다. 이 말은 경봉 대선사께서 정진 중인 선방의 수좌들에게 하신 말씀이라고 한다.

"바보가 되어라. 사람 노릇 하자면 일이 많다. 바보가 되는 데에서 참사람이 나온다."

즉, 돈과 명예와 권력과 본능을 척도로 삼는 세속적인 계산법을 버릴 수 있을 때, 올바른 사람 노릇을 할 수 있고 사람 노릇을 잘해야 참

사람(부처)이 될 수 있다는 가르침이다.

그렇다. 사람이 알면 얼마를 알겠는가. 지금 이 순간에도 수많은 정보가 생겨나고 있고 어느 분야에서 좀 안다고 목에 힘을 주고 다닌다면 누가 알아주고 좋아하겠는가.

또한, 돈이나 건강도 자신할 것이 못 된다. 그저 일상생활과 취미생활에 필요한 최소한의 돈과 보통의 건강만 있으면 만족하자는 얘기이다.

칠십이 내일모레인 내가 한 군데도 아프지 않다면 오히려 그것이 이상하다고 생각하니 아는 병이 오면 친구로 삼기로 했다. 더불어 지금까지 사기꾼들에게 넘어가지는 않았지만 앞으로도 헛된 욕심을 버리고 돈의 바보가 되고 싶다.

육십갑자를 한참 넘어 지금까지 건강하게 잘 지내고 있다면 신의 축복을 받은 것이다. 덤으로 사는 인생이다.

"웃고 감사하며 좀 바보스럽게" 살아간다면 또다시 후회할 일은 절대 생기지 않을 것이다.

60대 이후 남자가 하지 말아야 할 다섯 가지

"육십갑자를 다 돌고 환갑이 지나면 사주팔자가 안 나온다"고 한다. 살 만큼 살았다는 얘기다.

요즘 같은 장수 시대에 걸맞지 않지만 그래도 이후의 삶은 덤으로 산다고 할 수 있다.

인생 2모작의 시작이라 할 수 있는 이 시기에 하지 말아야 할 다섯 가지를 살펴보자.

먼저, '왕년에' 소리를 꺼내지 마라.

왕년에 금송아지 안 키운 이가 누가 있을까. 검증할 수 없는 지나간 얘기는 듣는 사람도 슬프다.

둘째, 전원주택을 꿈꾸지 마라.

나이 들수록 병원이 가까운 도시에 살아야 한다. 함부로 전원주택을 지었다가 나중에 안 팔려서 애물단지가 된다.

셋째, 창업, 우습게보지 마라.

다 알다시피 노후의 창업은 실패할 확률이 높다.

열에 하나 정도 성공할 확률이니 참으로 낮다.

넷째, 크게 입지 마라.

나이 먹을수록 몸에 맞게 입어야 한다. 자칫하면 얻어 입은 것 같다.

다섯째, 젊은 여자와의 로맨스는 꿈도 꾸지 마라.

그런 로맨스, 현실에는 존재하지 않는다.

이외에도 은퇴한 남자가 하지 말아야 할 사항들이 있을 것이다. 우리나라 은퇴 노인들은 OECD 선진국 노인들보다 행복도가 많이 떨어진다고 한다. 돈 문제도 있지만 노인으로서 갖추어야 할 소양이 다소 부족한 점이 있기 때문이다.

요즘 요양원이 '코로나19' 때문에 된서리를 맞고 있다.

대부분 7, 8, 9십대 이상 노인들로서 거동이 불편하여 누워서만 지낸다고 한다.

한 방에서 여러 명이 함께 지내는데 다들 화려한 과거가 있지만, 그 안에서는 소용이 없다고 한다. 지인들이나 친척이 자주 간식거리를 사오는 사람이 제일 부럽다고 한다.

60대는 시속 60km 속도로 세월을 달린다.

70대는 시속 70km , 80대는 시속 80km 속도로 달리니 말 그대로 눈 깜짝할 사이에 세월이 흐른다.

위에서 거론한 5가지만 잘 챙겨도 노후 폭망은 피할 수 있을 것이다.

이 땅에 와서 부모님과 나라의 은덕으로 이 만큼 자라고 은퇴자의 반열에 끼이게 되었으니 이제 갚고 떠나야 한다.

감당할 수 없는 병마가 찾아와 이 몸을 저세상으로 인도할 때,

"한 세상, 정말 잘 살고 간다"라는 고백을 하고 흔쾌히 이 땅을 떠나고 싶다.

살아가면서 깨닫는 삶의 지혜,
없는 것 세 가지

공자는 오십을 하늘의 명을 안다고 하여 지천명(知天命), 육십을 귀가 순해져 다른 사람의 이야기도 관심 있게 듣고 공감하게 된다는 이순(耳順), 그리고 칠십은 마음 내키는 대로 해도 법도를 넘어서지 않았다고 해서 종심(從心)이라고 했다.

당시 칠십을 넘기고 비교적 장수한 공자의 처지에서 나이별로 그 의미를 정리한 것이다.

100세 시대를 맞이한 요즘 세대에는 그 나이를 좀 올려야 될 것 같다.

어렸을 땐 동네 환갑잔치를 크게 했었다. 장수를 축복해 주고 온 동네 마을 잔치로 벌였던 모습이 생각난다. 지금은 칠순 잔치도 건너뛰는 세상이다.

살아오면서 느끼고 깨닫는 것이 많다. 누가 가르쳐주지 않았는데도 몸으로 익히고 하나하나 배워나간다.

그 중에 나이에 상관없이 적용되는 3가지 '없는 것'이 있다.

첫째, 공짜는 없다. 맞다. 세상에 공짜는 없다.

그런데도 우리는 어리석게도 공짜라면 귀가 솔깃해서 시선이 간다. 그 심리를 이용해서 사기를 치는 족속들이 너무나도 많다. 50~60% 이상은 가까운 친척이나 친지들이 사기를 친다고 한다. 대개 처음에는 공짜로 대시한다.

물론 선의로 베푸는 공짜도 있긴 있다. 그것을 구별하는 혜안이 필요하다.

이순을 훌쩍 넘긴 나이에도 잘 보이지 않으니 적어도 종심 즉 칠십은 넘어야 하는가 보다.

둘째, 비밀이 없다. 역시 맞다. 세상에 비밀은 없다. 심지어 죽을 때까지 너만 알아야 한다고 신신당부를 해도 얼마 못 가서 다 퍼진다.

그러니 절대 다른 사람을 욕해서는 안 된다. 언젠가 그 사람 귀에 들어가게 된다.

그 사람의 잘못을 도저히 참을 수 없을 때에는 차라리 본인에게 솔직하게 말해서 오해를 푸는 것이 좋다.

셋째, 정답은 없다. 여기서는 수학 문제를 제외한다.

소위 인생살이 문제이다. 살아보니 처방전도 많고 선생도 많다. 하지만 내게 딱 맞는 답은 없다. 내가 찾아야 한다.

잠시 왔다가 가는 이 인생을 사는 동안 너무 어렵게 문제를 풀지 말자. 인생살이는 정답이 없으니까.

지내고 보니 위 3가지만 미리 알았더라면 시행착오를 좀 줄일 수 있었을 텐데 후회가 막급하다.

"늦었다고 생각할 때가 가장 빠르다."

남은 세월은 그저 감사하면서 묵묵히 살아가자.

될 수 있으면 입은 닫고 지갑은 열어 베풀면서.

편한 인생길이 더 가시밭길이다

"쉽고 편안함을 추구하면 인생이 힘들어지고 어렵고 불편함을 감수하면 인생이 쉬워진다."

좀 역설적인 표현이다.

대부분 사람들은 편한 길을 찾아간다.

그런데 편하고 쉽게 사는 방법만 찾다 보면 살아도 사는 것같이 산다고 할 수 없다. 소위 매너리즘에 빠질 염려가 있다. 문제가 발생했을 때 적극적으로 해결하지 않고 피하려고만 들면 인생은 지루해진다.

창조적인 사람들은 복잡한 문제를 만나면 이를 성장의 기회로 여긴다. 문제해결을 통해 만족을 얻을 기회가 생긴 것이므로 문제가 생겨도 피하지 않고 적극적으로 환영한다.

큰 문제가 닥치더라도 자신만만하게 대처한다면 자신의 창의력을 충분히 발휘해 좋은 결과를 얻게 될 것이다.

초조하고 불안하다고 해서 걱정할 것이 없다.

인생의 모든 것에는 대가가 있다. 여가생활을 남보다 잘 보내려면 노력을 해야 한다.

여가 활동을 고를 때에도 힘든 것을 하지 않으려고 많이 움직이지 않는 활동을 택하는 경우가 많은데 그렇게 되면 결국 커다란 보상을 빼앗기게 된다.

결과적으로 성취감과 만족감을 얻을 기회를 앗아가게 될 편한 길을 택하는 어리석음을 범하지 말아야 한다.

나이 들어도 나무가 나이테를 늘리면서 커 가듯이 젊음을 감싸 안고 성장해 갈 수 있다. 물론 육체적으로는 노화를 피할 수 없지만, 정신적으로는 얼마든지 젊게 살아갈 수 있는 것이다.

그래서 은퇴 이후 시간이 주어지면 진짜 자기가 하고 싶은 공부를 해야 한다. 이제 경쟁할 필요도 없다. 설사 주위 친구들이 잘 나간다고 해도 그리 질투심이 일어나지 않는다.

오히려 친구가 잘 되면 칭찬해 주고 싶다. 칠십억이 넘는 지구촌에서 나와 똑같은 지문을 가진 사람이 한 사람도 없다. 오직 유일무이한 존재이다. 그러니 기죽지 말고 내 길로 가야 한다.

대중가요의 한 구절이 생각난다.

나이 들어도 "사랑하기 딱 좋은 나이"라는 가사가 있듯이 노후에는 "공부하기 딱 좋은 나이"이다.

그동안 학교와 직장에서는 그저 경쟁에서 이기기 위해 암기식으로 공부 아닌 공부를 해왔다. 이제는 참다운 공부를 해야 한다.

삶의 끝은 있지만 아는 세계는 끝이 없기 때문이다.

Art is long, Life is short.

그렇다. 예술은 길고 인생은 짧다.

자칫하면 황금 같은 노후의 시간이 지겨울 수 있다.

지루함을 극복하려면 지루하지 않게 살기 위해 피나는 노력을 해야 한다. 관심을 가지고 생각하면 얼마든지 가능하다.

인생을 즐겁게 살 수 있는 창조적인 능력은 누구에게나 있다.

그 능력을 마음껏 사용하자.

인간만사 새옹지마

인간만사 새옹지마(人間萬事 塞翁之馬)는 인생에 있어서 화(禍)와 복(福)은 일정하지 않다는 뜻으로 행복이 불행이 되기도 하고 화가 복이 되기도 함을 이르는 말이다.

각종 대중 강의나 대학 강단에서도 꼭 들려주는 얘기이다.

인간은 태어나서 죽을 때까지 이런저런 고통 속에 살아간다. 하지만 그 고통이 대부분 잘살아보겠다는 몸부림이라 할 수 있다. 그러기에 땀을 흘리면서도 보람을 느낀다.

그 옛날 중국의 변방에 새옹이라는 노인이 살고 있었다.

그는 살아가면서 여러 번의 부침(浮沈)을 겪으며 인생의 깊이를 스스로 깨닫는다. 자기 귀한 말이 오랑캐 나라로 넘어갔을 때, 크게 슬퍼하지 않았다. 또, 잃은 말이 오랑캐 나라의 여러 마리 말과 함께 넘어왔을 때도 별로 기뻐하지 않았다.

한참 후, 하나밖에 없는 아들이 넘어온 말을 타다 다리가 부러졌는데도 크게 슬퍼하지 않았다. 얼마 지나지 않아 전쟁이 일어나고 동네 청년들이 다 전쟁터에 나가 전사했으나 다리 병신인 아들은 살아남았어도 그다지 기뻐하지 않았다.

이 고사(故事)를 통해 어쩌면 삶 그 자체가 희로애락을 통해 익어 가는 것이 아닐까 생각해 본다.

따라서 그 어떤 경우에도 행복을 찾아야 한다.

원치 않는 질병이 찾아왔을 때, 앞으로 주의하라는 가르침으로 알고 잘 치료하면 되는 것이다.

우리 인생길이 온통 절망 속에 휩싸여 있는 것 같아도 그 어디엔가 한 줄기 희망의 빛이 비춰고 있다.

살아있는 그 자체가 행복이다.

오늘은 어제 죽어간 뭇사람들이 이 땅에서 그렇게 살고 싶었던 날이다. 하루하루 소중하게 살아야 할 이유이다.

이제는 '우(友)테크' 시대이다

노년에 친구는 재산 목록상 앞 순위에 해당한다.

건강은 물론 장수요인 가운데에서도 상당한 관련성이 있는 것으로 나타났기 때문이다.

사실, 따지고 보면 내 주위에 사람은 많지만, 친구라고 할 수 있는 경우는 손꼽을 정도이다. 멀리 떨어져 있거나 가까이에 있어도 시간이 맞지 않아 만날 수 없는 사이라면 친구라고 하기엔 무리이다.

나이 들면 혼자서 지내는 시간이 많다 보니 점점 친구들과 멀어져 간다. 오죽했으면 1년에 한 번 서로 안부 전화를 하는 사이라도 친구라는 얘기가 나오겠는가.

은퇴 이후 멋있는 친구를 만나는 것은 인생 로또를 얻은 것이나 마찬가지다. 여기에는 남녀 불문이다. 노후의 애틋한 연애는 그래서 권장 사항이다.

취미를 같이 하고 인생사 이야기를 가감 없이 나눌 수 있다면 '우(友) 테크'를 제대로 했다고 하겠다.

'우(友) 테크'에는 일반적인 재테크 기술과는 개념이 좀 다르다. 재테크는 무조건 남는 장사를 해야 한다. 그러나 '우(友) 테크'는 좀 손해를 봐야 한다는 것이다.

내가 먼저 주고 돈 문제만큼은 내가 조금 더 낸다는 생각으로 상대를 배려해야 그 관계가 오래간다.

여기에도 '주면 남는 진리'가 통한다.

내게는 고향 소꿉친구를 비롯하여 고교동창 친구, 대학 동기 친구, 농협 입사 동기 친구, 동네 테니스 친구, 골프 동호회 친구, 댄싱 동호회 친구들이 있다.

지금까지 그 인연을 이어오고 있지만 대부분 만남을 소중히 하는 모임이다. 진짜 친구라고 할 수 있는 사람은 몇 명 아니 한 둘뿐이다. 그만큼 친구를 사귀기가 어렵다는 얘기이다.

황혼 길이 외롭지 않으려면 친구가 꼭 필요하다.

그 옛날 초등학교 시절, 학교 가는 길이 혼자 가면 무섭고 아주 먼 길이었다. 그런데 친구와 손잡고 가면 아주 재미있고 가까운 길이었듯이 지금 있는 친구를 소중히 가꾸고 앞으로도 멋진 친구를 더 만들어 가야겠다.

어느 초등학생이 쓴 동시인데 이런 마음을 담았다. 너무 좋아 각종 강의 시에 꼭 소개한다.

학교 가는 길
언제나 걷는 학교 가는 길
똑같은 그 길인데
혼자 가면 한없이 먼 길
똑같은 그 길인데
친구와 함께 가면
아주 짧은 길
참 이상도 하네요.
학교 가는 길

은퇴 이후
인생의 참맛을 느낄 수 있다

직장에서 정한 근무 기간을 꽉꽉 채우고 명예롭게 은퇴한 사람들은 현실적으로 그리 많지 않다.

우리나라는 대개 나이를 기준으로 해서 정년을 매긴다.

65세까지 보장되는 대학교수직을 제외하고 대부분 60세까지 근무 기회를 부여하고 있다. 일반 사기업은 50세 전후해서 대개 정든 직장에서 나오고 있다.

아무리 능력이 있어도 나이 제한에 걸려 옷을 벗어야 한다.

문제는 은퇴 이후의 삶이다.

뜻하지 않게 생긴 무한한 자유시간은 자신의 인생을 되짚어 볼 수 있는 더없이 좋은 기회이다.

무한정 생긴 남는 시간은 자기 발전을 도모하도록 하늘이 내린 선물이다. 인간으로 태어나 진짜 하고 싶은 것을 할 수 있는 절호의 기회이다.

문제는 그 많은 시간을 어떻게 요리하느냐에 달려있다.

사실, 자유시간이 갑자기 많아진 생활에 적응하기란 생각처럼 간단치 않다. 그 전 직장에서 잘 나갔던 시절을 쉽게 잊을 수 없는 것이다.

한동안 후유증에 시달린다.

일이 자신의 전부였던 사람들에게 직업의 상실은 바로 정체성의 상실을 의미한다.

직업을 생명처럼 여기고 일이 없으면 보람된 인생을 살기가 극히 힘들거나 불가능하다고 주장하는 사람들에게는 실직이나 은퇴가 큰 절벽으로 느껴진다.

은퇴 후 첫해가 힘들다. 심하게는 공포와 공황을 경험하기도 하고 그 상황을 비정상적으로 느끼는 사람도 있다.

은퇴시기를 즈음해서 자살률이 4배 이상 높게 나온다는 통계가 있다.

한편으로 많은 심리학자는 직업이 인생에서 행복과 만족을 얻기 위한 필요조건은 아니라고 한다.

뚜렷한 직업이 없어도 얼마든지 행복할 수 있다는 것이다.

이제부터 그 길을 찾아보자.

먼저 다양한 여가 활동으로 자신의 생활계획표를 짜야 한다.

예를 들어 외국어 공부, 스포츠, 자원봉사활동 등으로 자신에게 맞는 생활 계획을 신중히 개발해야 한다. 즉 하고 싶은 일 위주로 짜야 한다.

둘째, 직업이 없어도 성취감을 얻을 수 있고 직업이 없는 상태를 견뎌 나갈 수 있다는 것만으로도 사회에 공헌하고 있다고 생각해야 한다. 진짜 봉사활동을 곁들이면 삶의 보람을 느낄 수도 있다.

결국 은퇴 이후 일정한 직업이 없어도 얼마든지 행복할 수 있다는 것이다. 물론 최소한의 은퇴 자금이 필요하다. 하지만 돈보다 시간 활용이 문제다.

내 경우, 은퇴 이후 8년의 세월이 흘렀다.

은행과 대학에서 근 사십 년 동안 일해 온 덕분에 직업에 대한 미련은 없다.

하고 싶은 것을 마음껏 하면서 잘 지내고 있다.

은퇴를 절대 두려워할 필요가 없다.

잘만 대처하면 진짜 인생 만족을 느낄 수 있다.

하루하루의 내 일상을 소개하고 인생의 참맛을 베이비부머와 나누고 싶다.

매력자본(erotic capital)을 키우자

자본(capital)은 회계학 용어이다. 총자산에서 부채를 뺀 금액이다. 이른바 장사나 사업 따위의 기본이 되는 돈이다.

한편 매력(魅力)은 사람의 마음을 사로잡아 끄는 힘이다. 그 정도를 나타내는 것이 매력지수(魅力指數)이다.

두 단어를 합친 매력자본(魅力資本, Erotic Capital)이라는 용어는 영국의 캐스린 하킴(Catherine Hakim) 교수가 처음 사용하였다.

즉, 잘생긴 외모만이 아니라 유머 감각, 활력, 세련미, 상대를 편안하게 하는 기술 등 사람의 호감을 살 수 있도록 하는 멋진 태도나 기술을 말한다.

이러한 매력은 나이가 많다고 쇠퇴하지 않고 오히려 더 좋아질 수 있다고 주장한다. 그것은 나이 듦의 지혜와 여유, 경륜을 키워 나가면 이룰 수 있는 것이다.

이 자본을 늘리는 데에 꼭 필요한 요소는 웃음, 여유, 절제, 사랑 그리고 오늘 현재를 멋지게 사는 것이다. 그렇다.

물론 영육 간의 강건함도 필수 요소가 될 것이다.

미국 루스벨트 대통령의 부인, 엘리노어 루스벨트(Eleanor Roosevelt) 여사가 한 연설을 되새겨 보자.

"아름다운 젊음은 우연한 자연 현상이지만 아름다운 노년은 예술 작품입니다."

"어제는 역사이고 내일은 미스터리이며 오늘은 선물입니다."

지당하신 말씀이시다.

오늘은 왠지 모르게 우울하다.

오랫동안 대학에서 함께 일했던 학장님께서 뇌졸중으로 쓰러지셨다는 비보를 들었다. 이제 일흔넷이고 평소 국선도를 비롯하여 골프도 잘 쳤던 분이라 의외이다.

인생사 내일 일은 모른다더니 정말 그렇다.

더더욱 노년을 잘 보내야겠다는 생각이 든다.

남은 세월은 무리해서 돈을 더 벌려고 하기보다 매력자본을 늘리기 위해 최선을 다해야겠다. 행복한 노년을 보내고 웰빙(well-being)을 넘어 웰다잉(well-dying)을 위해서도.

자식이 원하는 '주택연금'

"연금이 효자이다"라는 말이 있다.

연금의 종류도 많다. 공무원연금, 교원연금, 사학연금, 군인연금, 국민연금 그리고 개인연금, 퇴직연금, 주택연금 등이 있다.

그중에 주택연금에 관한 얘기이다.

사실 많은 은퇴자가 집 한 채 말고는 제대로 된 재산이 없는 실정이다. 그러다 보니 은퇴 빈곤층이 늘고 있다.

그나마 있던 집도 자식 사업에 보탠다고 담보대출을 받아 노후 생활을 망치는 사람도 있다.

아직도 많은 분이 자식에게 집을 남겨 주려는 소박한 마음을 가지고 있다. 이 때문에 최불암 씨를 동원해서 그렇게도 선전하고 있는 주택연금이 크게 관심을 끌지 못하였다.

그런데 최근 반전이 일어나고 있단다.

오히려 자식들이 나서서 주택연금에 가입을 강권한다는 것이다. 제대로 된 현상이라 생각한다.

요즘 자녀 교육, 주거 문제 등으로 효도가 어렵다.

현재 주택연금을 받는 분들이 한 달에 평균 100만 원 이상을 받고 있다 하니 노후에 큰 수입이다.

듣자 하니 젊은 대학생들의 내 집 마련 방법 1순위가 '부모 조기 사망'이란 답이 나왔다는 웃지 못 할 얘기를 들었다.

남 눈치 볼 것이 아니라 주택연금을 과감히 가입하자.

"죽을 때, 5백만 원만 남기고 다 쓰고 가라!"는 황창연 신부의 말이 정답이다. 자식에게 남겨야 한다는 그 숭고한(?) 정신이 오히려 자식의 앞길을 망치게 하는 것이기 때문이다.

내 경우, 현재 사는 아파트와 여의도에 있는 오피스텔을 모두 집사람 명의로 해 주었다.

그 당시에는 깊은 생각을 하지 않고 넘긴 것이다.

퇴직 이후 최소한의 연금은 준비했으나 젊은 노인에게는 부족하다.

몇 년 전부터 주택연금에 대해 생각해 보라는 내 간절한 요구를 일언지하에 뿌리쳐 이제 더 이상 얘기를 꺼내지 못하고 있다. 주택연금을 가입하면 집이 없어지고 자식에게 물려줘야 한다는 것이다.

일견 맞는 말인지도 모른다.

그러나 길게 보면 그게 아니다.

칠십이 되면 또 한 번 간곡히 부탁해 보려고 한다.

인생의 '무형고정자산'을 늘리자

회계학에서 영업권, 상표권, 특허권 등을 무형고정자산이라고 한다. 이는 오랜 기간 사용 가치를 지니면서도 구체적인 형태가 없는 것이 특징이다.

우리 인생살이에서도 무형고정자산에 해당하는 것들이 있다. 이를테면 건물이나 돈이 아닌 자기만의 특기, 기술, 취미 등을 들 수 있겠다.

요즘 강남의 똘똘한 집 한 채가 20~30억이 넘는다고 한다. 부동산 가치로 볼 때, 그곳에 사는 사람이 성공했다고 생각할지 모르겠으나 인생 전체로 볼 때, 대차대조표를 따져 봐야 한다.

돈으로 카운트하기 어려운 인생의 무형고정자산이 있기 때문이다. 이는 삶의 질을 높이는 데에 유용하게 사용된다.

나의 무형고정자산 명세를 따져 본다.

먼저, 테니스이다. 4십여 년간 줄기차게 라켓을 잡아 왔다.

이로 말미암아 건강을 지킬 수 있었다. 아직도 매일 아침 테니스장에 나가고 있으니 내 인생의 값비싼 영업권이라 해도 과언이 아니다.

둘째, 스포츠 댄싱이다. 2십여 년간 사교댄스를 비롯하여 스포츠 댄스를 배워 즐겁게 춤을 즐길 수 있으니 이것도 돈으로 따질 수 없다.

셋째, 골프이다. 골프도 3십여 년간 즐기면서 싱글, 이글, 홀인원 등 골프 삼종 세트를 다 갖추었으니 돈으로 치면 어마어마한 금액이다.

넷째, 자전거 라이딩과 등산을 통해 하체 근육을 단련해 온 것도 빼놓을 수 없다.

"근육이 연금보다 강하다"고 한다. 나이 들면 하체 근육이 줄어들어 활기찬 생활을 영위하기가 어렵다. 이러한 운동을 통해 최대한 그 시기를 늦춰 나가고 싶다.

다섯째, 악기 연주이다. 색소폰, 기타, 장구, 오카리나 등은 내가 참 좋아하고 끊임없이 연주하고 있다. 무미건조한 일상에서 노래와 함께 악기 연주는 인생의 깊이를 더하고 있다.

여섯째, 주경야독을 통해 경영학박사 학위를 취득하고 은행 지점장을 거쳐 대학교수를 지낸 경력도 큰 자산이라 생각한다. 일본 동경학예대학으로의 유학을 거쳐 일본어 능력을 향상시키고 있는 것도 빼놓을 수 없는 자산이다.

돌이켜 보니 내게 돈 버는 재주는 없었으나 인생 2모작을 대비하여 무형고정자산을 늘리는 데에는 노력을 게을리 하지 않았다.

살 만한 집이 있고 적당한 연금과 적은 돈이나마 벌이를 하고 무엇보다 돈으로 평가할 수 없는 내 인생의 무형고정자산이 있기에 만족하는 편이다.

말 그대로 범사에 감사한 마음으로 살아가고 있다.

'코로나19'와 경기 침체로 인해 어둠의 터널을 걷고 있는 젊은 세대들에게 다소 무리한 요구일지도 모르지만 너무 돈 돈 돈 하지 말고 미래의 무형고정자산을 차근차근 쌓아나갈 것을 부탁하고 싶다.

나이 들어서 하려면 어렵다. 아니 체력이 부족해서 생각만 있지 이내 포기하기도 한다.

가만히 따져 보니 인생이 그리 길지가 않다.

100세 시대라고 하지만 통계에 의하면 70세까지 생존확률이 86%, 80세까지는 30%, 90세까지는 5%에 지나지 않는다고 한다. 그리고 보건복지부의 발표에 의하면 질병이나 부상 없이 지낼 수 있는 건강수명은 70.4세(2018년 기준)라고 한다.

"인생은 짧고 예술은 길다"라는 말이 맞는 것 같다.

우스갯소리로 60대가 아직 돈을 벌고 있으면 성공한 인생이고 70대는 건강하면 80대는 본처가 밥 차려주면 그리고 90대는 전화 오는 사람이 있으면 100세는 아침에 눈 뜨면 성공한 인생이라고 한다.

결론이다.

짧다면 짧고 길다면 긴 인생이지만 인간답게 살기에는 그리 길지 않다.

어느 정도의 재산은 필요하다.

여기에 인생의 무형고정자산을 더한다면 금상첨화이겠다.

은퇴 이후 혼자서도 고물고물 잘 놀 수 있고 "한 세상 잘 살고 간다"라며 웃으면서 이 땅을 떠날 수 있다면 얼마나 멋진 인생이겠는가.

성공한 인생

10대 … 성공한 아버지를 뒀으면 성공
20대 … 학벌이 좋으면 성공
30대 … 좋은 직장에 다니면 성공
40대 … 2차 쏠 수 있으면 성공
50대 … 공부 잘하는 자녀가 있으면 성공
60대 … 아직 돈 벌고 있으면 성공
70대 … 건강하면 성공
80대 … 본처가 밥 차려주면 성공
90대 … 전화 오는 사람이 있으면 성공
100세 … 아침에 눈뜨면 성공

가장 확실한 노후 준비는 재테크가 아니고
평생 현역으로 남는 것이다

제목이 꽤 길지만 대부분의 우리 베이비부머에게 딱 맞는 말이다. 은퇴 준비를 제대로 못 해서 일을 하지 않으면 노후를 걱정 없이 보낼 수 없기 때문이다.

인간이 태어나 돈(재산), 명예, 건강 모두 필요하다.

"재산을 잃으면 조금 잃는 것이고 명예를 잃으면 조금 많이 잃는 것이며 건강을 잃으면 모두를 잃는 것이다"라는 말이 있다.

중요도에서는 제일 떨어져 있지만 그래도 돈의 중요성은 아무리 강조해도 지나치지 않다.

현실적으로 은퇴 이후 노인들이 제대로 된 일자리를 구하기가 쉽지 않다. 변호사나 의사 등 일부 전문 직업을 제외하고 대부분 허드렛일이다.

체면을 벗어던지고 제2의 인생길을 걸은 멋진 선배 얘기이다.

농협을 퇴직하고 칠십 대에 맥도날드 점에 서빙을 하는 파트타이머로 시작해서 구십이 될 때까지 근무하였다고 한다.

운동도 되고 용돈도 버니 너무 좋았다고 인터뷰한 기사를 읽었다. 무료하게 집에서 TV만 보다가 세월을 보내는 사람이 많다고 한다. 그러다 보니 가족에게 구박받고 종로 사직공원에 나가 무료 급식을 받으러 나가는 노인 반열에 끼이게 될 줄도 모른다.

지금까지 펜대를 굴려 사무실에서 먹고 살아왔는데 갑자기 육체적인 노동을 하기가 쉽지 않을 것이다.

한편, 학자는 정년이 없다고 한다. 대학에서는 65세가 정년이지만 학문은 죽을 때까지 평생 해야 한다는 의미이다.

실제 대외적으로 책도 쓰고 대중 강의도 열심히 하고 있는 분들이 많이 있다. 어떤 분은 젊은이 못지않게 돈도 잘 벌고 인기도 많다.

그런데 신(神)은 공평하여 이런 분들에게 모든 것을 다 주진 않았다. 노년에 무리하여 건강을 해친다든지 노탐을 내서 주위 사람들에게 폐를 끼치는 경우를 종종 본다.

그래서 노인은 노인다워야 한다.

가장 바람직한 노년은 어떤 스타일일까?

각자 처한 형편에 따라 다를 것이다.

우선, 젊었을 때 못했던 취미활동을 열심히 하여 삶의 질을 높여 나가야 할 것이다. 시간이 나면 봉사활동도 해야 한다. 나보다 못한 이웃을 돕는 일은 가장 보람 있는 일이다.

그리고 약간의 돈벌이도 꼭 해야 한다. 비록 몇 십만 원이라도 벌이가 있다면 돈벌이를 하여야 한다. 그 재미가 쏠쏠하다. 손자들에게 용돈도 줄 수 있다.

최근 금리가 떨어져 한 달에 50만 원의 이자를 받으려면 정기예금으로 5억 원을 맡겨야 한다. 적은 금액이라도 벌어야 하는 이유이다.

물론 연금이 충분히 나오고 은퇴 자금이 넉넉하다면 걱정이 없겠지만 그래도 무엇인가 일을 해서 약간의 벌이를 하는 것이 중요하다.

나는 학자로서 또한 강연자로서 평생 공부하고 이 사회에 조금이나마 기여하고 싶다. 또한 취미활동과 봉사활동을 게을리 하지 않을 것이다.

내게 없어서는 안 될 '가계부'

신년이 되면 달력과 함께 꼭 준비하는 것이 있다. 바로 가계부이다. 나는 농협에서 매년 발행하는 종이 가계부를 십수 년째 쓰고 있다. 스마트폰의 앱을 이용하면 간편하고 좋은데 웬 종이가계부냐고 할지 모르겠다.

아니다. 종이가계부를 쓰면 여러 가지 이점이 있다.

공과금을 납부하고 영수증을 가계부 뒷면에 붙여 두면 훗날 증빙이 되기도 한다. 뿐만 아니라 생일, 행사 등 주요 일정 체크도 가능하다. 주별, 월별 지출 명세를 꼼꼼히 기록하다 보니 부수적으로 얻는 것도 있다.

돈을 아끼게 해주는 것뿐만 아니라 돈을 효율적으로 잘 쓰게 해준다.

실제, 신용카드로 대부분 사용하다 보니 무분별하게 지출을 하는 경우가 많아 청구액을 보고 놀라는 경우가 있다. 이럴 때, 적은 금액이라도 가계부에 적다 보면 과소비를 줄여나갈 수 있다.

가계부는 일기 역할도 한다. 그날 있었던 잊지 못할 일이라든지 꼭 기억해야 할 맛집이나 만난 사람의 이름도 기록해 두면 도움이 된다.

또한, 갑자기 좋은 글이 생각나면 짧은 메모를 해 둔다. 훗날 요긴하게 써먹을 수 있다.

은퇴한 베이비부머에게 종이가계부를 꼭 한번 써보라고 권유하고 싶다. 남자가 무슨 가계부냐 할지 모르겠지만 그 효과는 너무 크기 때문이다.

나는 앞으로도 가계부를 주~욱 쓸 생각이다. '왕소금'이라는 핀잔을 들을지라도 은퇴 이후에는 절약해야 하니까.

그래도 "입은 닫고 지갑은 열어라"라는 계명을 어기진 않을 작정이다.

잘 듣고 맞장구치며 지갑은 활짝 열자

"말 한마디에 천 냥 빚을 갚는다"라는 말이 있다.

그만큼 우리가 쓰는 말이 중요하다는 의미이다.

아나운서, 교사, 변호사 등 말로 벌어먹는 전문직이 있다.

설사 이런 직업을 가지지 않은 일반인들 일지라도 말은 잘 해야 한다. 주위에 정말 말을 맛나게 잘하는 사람이 있다.

어떤 때는 나를 좋아해 주는가 보다 하고 착각이 들 정도이다. 은근히 부럽기까지 하다. 나도 말을 잘하기 위해 부단히 노력해 왔고 지금도 계속하고 있다.

한데 그게 쉽지 않다.

가끔 화를 참지 못해서 쓴 소리가 나올 때도 있다.

금방 후회하지만 다 지난 뒤라 후회해도 소용이 없다.

좋은 말을 하기 어려우면 남의 말을 잘 들어 주어야 한다.

"예, 그렇지요?"라고 하면서 맞장구까지 쳐주면 상대방도 신이 난다.

우리 민요나 판소리에는 "얼씨구, 좋~다"라는 추임새를 넣어야 제맛이 난다.

특히, 일본에서 지낼 때, 주고받는 얘기를 잘하는 것을 보고 많이 배웠다.

말도 노력하면 잘 할 수 있을 것이다. 기왕이면 부정적인 말보다는 긍정적인 말을 하는 습관을 들이려 노력하고 있다.

"말하는 대로 된다"라고 한다.

긍정적인 말투는 인생길을 바꾸는 마력을 지녔다.

상대방의 말을 잘 듣는 것도 대단한 기술이다.

"노인은 입은 될 수 있으면 닫고 지갑은 열어라"라는 말이 있다. 너무 입을 닫고 있으면 자칫 거만하게 보일 수 있다.

그러니 자기 말은 되도록 줄이고 적극적으로 맞장구를 쳐주자.

특별히 노년에는 긍정적인 말과 함께 잘 들어주고 맞장구까지 쳐주며 아낌없이 지갑을 열면 인기 만점일 것이다. 요즘 권장하는 황혼 교제에서 지켜야 할 덕목이다.

내 남은 날의 정원에
증오의 나무는 절대 심지 않겠다

인간의 여러 감정 가운데 증오만큼 무서운 게 없다.

증오(憎惡)는 매우 사무치게 미워하는 것이다. 조금 더 깊이 해석하면 증오는 혐오감과 분노가 같이 느껴질 때 나타나는 것으로 싫은 감정과 비난하려는 의도가 중첩된 것이다.

"마음이 우울할 때
성질날 때 거꾸로
돌려보세요."

요컨대 역겨움이나 분노는 순간적인 감정이지만 증오는 오래오래 계속되며 참을수록 더욱 커지는 경향이 있다. 한마디로 철천지원수가 되는 것이다.

돌이켜 보니 내 지나온 인생길에서 만난 악연들이 떠오른다. 그 당시에는 증오심에 불타 삶을 마감할까도 생각했었다.

수십 년이 지나도 아직 내 가슴 한구석에 흔적이 남아있는 것을 보니 참으로 무섭다. 전생에 내가 무슨 큰 잘못을 저지른 것은 아닌지 반추해 본다.

여기서 증오에 대해 가르침을 주는 두 분의 외국인 지도자를 생각해 본다.

우선은 엊그제 정계를 은퇴한 호세 무히카(85세) 전 우루과이 대통령이다.

상원에서 한 고별사가 가슴을 울린다.

"증오는 불길입니다. 불타는 사랑은 뭔가를 창조하지만 증오는 우리를 파괴합니다. 나는 수십 년 동안 내 정원에 증오를 키우지 않았습니다. 미워하면 어리석음에 이르고 객관성을 잃는다는 게 내 삶에서 힘들게 얻은 교훈이기 때문입니다."

그는 농민의 아들로 태어나 고교 졸업장도 없었다.

군사 독재 시절에는 15년간 옥살이를 했다. 1980년 민주화 시대를 맞이하여 정치를 시작했다.

드디어 2010년부터 5년간 대통령을 지냈다. 재직 중 유명한 일화가 있다. 대통령에 당선되었지만 대통령 궁에서 살지 않고 자택에서 몇십 년 된 폭스바겐 비틀을 타고 출퇴근하였으며 월급의 90%를 기부했다고 한다.

그에게 정치적으로 큰 타격을 준 세력에 대해 증오심을 발휘할 수 있었지만 화해의 손길을 보낸 것이다. 우리나라에도 이런 대통령이 나오기를 기원해 본다.

또 한 분은 남아프리카 공화국의 대통령을 지내고 노벨 평화상까지 받은 넬슨 만델라이다.

종신형을 선고받고 27년간이나 복역하고 나왔다.

훗날 대통령에 당선된 이후 전체 인구의 16%에 지나지 않은 백인들을 끌어안았다.

극단적인 인종 차별 정책이었던 아파르트헤이트(apartheid)를 종결시켰다.

증오심에 불타 당시 백인에게 보복할 수도 있었지만 화해하고 용서하였다. 그 후 그는 세계 인권 운동의 상징적인 존재가 되었다.

우리네 서민들도 굴곡진 인생길을 걸어간다. 내 잘못이 하나도 없다고 생각하는데 억울하게 당하는 일도 있다. 때로는 정말 용서하지 못할 인신공격을 당해 정신적인 큰 상처를 입고 병원 신세까지 지는 때도 있다.

하지만 은퇴 이후에는 남은 삶의 정원에서 이와 같은 증오는 다 뽑아내 버려야 한다.

더 중요한 것은 남은 인생길에서 이러한 증오를 만들지도 말고 주지도 말자는 것이다.

육체적인 건강도 중요하지만 정신적인 건강 또한 너무나 소중하기 때문이다.

백 번 잘 해줘도 한 번의 실수로
인간관계는 틀어진다

"진짜 친구 한 명만 있어도 성공한 인생이다"라는 말이 있다.

일반적으로 말하는 친구는 대부분 나이, 학교, 고향 등을 감안하여 붙이는 명칭이다. 진짜 친구라고 할 수 없다.

진정한 친구도 필요하지만 일상생활에서 만나는 평범한 사회 친구들도 필요하다. 그런데 어렵게 사귄 친구들과 주욱 관계를 이어가기가 쉽지 않다.

살아보니 정말 단 한 번의 실수로 인해 멀어지는 경우를 가끔 경험한다. 나이 들어서는 더 그렇다.

알 만한 사람이 나를 무시한 것 같아 서운하고 앞으로 상종하지 못할 인간으로 치부해 버리고 만다.

옷깃만 스쳐도 수천 겁의 인연이 있다고 한다.

그럴진대 늘상 이웃들과의 만남은 대단한 인연이라 생각한다.

인연을 소중히 하고 길게 이어 가는 방법은 너무도 간단하다.

내가 실수로 잘못한 것은 재빨리 진심으로 사과하면 되는 것이다. 사람이기 때문에 누구나 실수할 수 있다.

한데 말같이 금방 내 잘못을 드러내놓고 사과하기가 쉽지 않다.

그래도 해야 한다.

인간관계에서 이기고 지는 것이 없기 때문이다.

내 경우도 내게 상처를 줬던 사람이 아무런 사과를 하지 않고 헤어진 이후 다시 만나지도 않고 길흉사에도 관심을 가지지 않는다. 결국 끝난 것이다.

그 사람이 내게 큰 도움이 되지 않겠지만 그래도 한 때는 인연으로 만났었는데, 아쉬움이 남는다.

역으로 내가 남에게 상처를 준 경우가 없었는지 곰곰이 생각해 본다.

최근 들어서 조심조심 노력하고 있다.

어떻게든지 내가 좀 참고 바보가 되려고 나를 낮춘다.

먼저 베풀고 내가 좀 손해 보려고 한다.

남의 험담도 줄이고 될 수 있으면 그 사람의 장점을 보려고 노력한다.

한 사람이라도 잃지 않기 위해서.

특히, 은퇴 이후 만나는 사람들, 한 사람 한 사람은 내 남은 인생길에서 소중한 무형고정자산이기도 하기 때문이다.

한 명의 적이
백 명의 친구보다 무섭다

육십의 중반을 넘어 칠십을 바라보니 인간관계가 쉽지 않음을 새삼 느끼게 된다.

동네 테니스장에는 백 명이 넘는 회원들로 북적인다.

그러다 보니 가끔 다툼이 일어나곤 한다.

예를 들어 게임 중에 자기편에게 잔소리를 한다거나 순서를 어기고 게임에 들어가는 등 비교적 가벼운 일들이 대부분이다.

때로는 금전적인 문제도 있고 프라이버시를 건드려서 심하게 다투는 일도 있다.

그런데 이상한 것은 늘 다툼을 일으키는 사람이 정해져 있다. 그러지 말라고 해도 그 버릇을 개한테 주지 못한다.

나는 지금까지 지내오면서 거의 다투지 않아 적이 없는 사람으로 인정받고 있다. 한마디로 분위기 메이커이다.

예를 들어 평소에도 신경을 써서 잘 하지만 시간이 나면 그들과 만나 식사대접도 한다. 미리 예방하는 거다.

돌이켜 보니 지금까지 살아오면서 용서하기 힘든 전생의 웬수들이 내 앞에 나타났다 사라졌다.

그때마다 정말 괴로웠던 기억이 난다. 지금까지 상처의 흔적이 남아

있다.

　이제 내가 좀 바보가 되고 선뜻 베풀면 이런 사람이 왔다가도 도망가는 삶의 기술을 터득했다. 미리 예방하면 더 좋겠다.

　앞으로도 절대 적을 만들지 않겠다고 다짐의 다짐을 해본다.

　백 명의 친구도 소중하지만 내 마음을 아프게 하는 한 명의 적이 무섭다.

　한 사람이라도 적을 만들어 내 마음이 아프지 않기 위해서이다.

돈과 화(火)

인간 생활에서 돈은 없어서는 안 될 필수품이다.

한데 돈이 사람을 살리기도 하고 죽이기도 한다.

애물 덩어리 돈 때문에 화를 내는 일도 있다.

돈내기 화투를 치는 시골 할머니들이 간혹 십 원짜리 하나 놓고 싸울 때가 있단다. 다 그런 건 아니지만 다소 돈의 여유가 있는 친구들 가운데 건방진 놈이 있다.

이들 가운데 말을 함부로 해서 주위 사람들에게 상처를 입히는 경우를 종종 본다.

이를테면 돈 좀 있다고 시건방을 떨면서 상대를 무시하는 말을 함부로 내뱉는다.

은퇴 이후에도 내 면전에서 얼굴 하나 변하지 않고 돈의 약점을 지껄이는 덜된 놈을 본 적이 있다. 그 자리에서 쌍욕을 하며 면박을 주고 싶었지만 체면상 참았다. 이런 놈은 상대하지 않으면 좋으련만 이상하게 또 만난다.

한 번은 스크린골프를 치면서 또 그 놈이 돈 문제로 까다롭게 굴어 쌓인 감정이 폭발하고 말았다. 평소 어지간하면 성을 내지 않는 곰 같은 나지만 가장 아픈 곳을 지적하며 자존심을 건드리는데 더는 참을 수 없어 본성을 드러내 보이고 말았다.

엎질러진 물이지만 때로는 이런 놈들에게 제대로 된 맛을 보여줄 필요가 있다. 굼벵이도 밟으면 꿈틀한다.

연거푸 가슴을 찌르는 얘기를 들으니 상처를 많이 받았나 보다.

앞으로 가능한 한 그런 놈은 상대하지 말아야겠다는 다짐을 해 본다.

이제 그럴 나이도 된 거 아닌가.

한편으로는 그래도 참았어야 했다는 생각이 든다.

"참을 인(忍)자가 세 개면 살인도 면한다"라고 하지 않았던가.

아직도 가시지 않은 혈기를 이제 잠재워야 한다.

"똥이 더러워서 피하지 무서워서 피하느냐"는 속담을 곱씹으며.

용서

"그대에게 잘못을 저지른 사람이 있거든, 그가 누구이든 그것을 잊어버리고 용서하라. 그때 그대는 용서한다는 행복을 알 것이다. 우리에게는 남을 책망할 수 있는 권리가 없다."

– 톨스토이

사전적 정의에 따르면 '용서'는 지은 죄나 잘못을 벌하거나 꾸짖지 않고 덮어주는 것이다.

그런데 보통 사람들이 용서한다는 것이 쉽지 않다. 아니 불가능하다고 생각한다. 백수를 한 분에게 지금까지 살아오면서 자신에게 해를 끼친 자들을 어떻게 용서하며 살아왔는지를 물었다고 한다.

그분의 답변이 걸작이다.

"일일이 대적하지 않고 놔두었더니 그냥 먼저 뒈집디다."

흔히들 용서는 상대방을 위해 하는 것이 아니라 나를 위해 해야 한다고 한다.

일본의 유명한 의사이자 수필가요 강연자였던 히노하라 시게아키 (日野原 重明)는 105세 10개월을 이 땅에 살면서 인생 문제를 비롯해 많은 업적을 남긴 독실한 기독교 신자였다.

그는 죽음을 앞두고 쓴 저서 「앞으로 살아갈 당신에게」에서 용서에 대해 좀 독특하게 의견을 피력했다.

"남에게 상처를 준 것은 쉽게 잊어버리는데 남에게 받은 상처와 공격은 도저히 잊을 수 없다. 그것은 사람을 용서할 수 없는 인간의 어리석음 때문이다."

용서(容恕)의 서(恕)는 마음(心) 위에 같을 여(如)가 얹혀 있다.

즉, 용서한다는 것은 누군가에게 허가를 내리거나 나쁜 짓을 한 사람을 받아들인다는 것이 아니라 상대를 자신처럼 생각하는 마음이다라고 했다.

상대를 자신처럼 생각한다는 것은 상대를 용서하는 것이 곧 자신을 용서한다는 의미다. 즉, 자신을 위해서 하는 행위라는 것이다.

용서할 수 없는 마음을 계속 갖고 지내면 너무 힘들다. 그래서 용서를 통해서 우리는 편해질 수 있다. 현명한 해석이라고 생각한다.

문제는 늘 가까운 사이에서 벌어진다.

잘 나갔던 친구가 돌변하여 가슴을 후벼 파는 악담을 퍼부을 때가 있다. 순간적으로 열등감이 폭발하여 우정에 금이 가는 막말로 인해 가슴에 상처를 남기는 일도 있다.

그래서 "친구는 사귀되 절대 가깝게 대하지 말라. 일단 친구를 사귀어서 진정한 우정이 보이면 쇠사슬로 자기 마음에 꽁꽁 묶어 둬라"라는 말이 있다.

멀리 떨어져 있어도 가슴속에 늘 교류하고 있는 친구가 진정한 친구요 이런 친구하고는 절대로 상처를 받지 않는다.

살다 보면 "열에 한두 명은 이유 없이 나를 싫어하는 사람이 있다"고 한다. 물론 늘 밖으로 표현하는 것은 아니지만 잠재적으로 나를 미워하는 마음을 품고 있다는 것이다.

지광 스님은 "상대가 나를 힘들게 한다면 전생에 내가 상대에게 모질게 대한 것이 있나 보다"라고 권면한다. 이미 정해진 업(業)은 피할 수 없다는 전생론을 피력하셨다.

혜민 스님은 한발 더 나아가 "이 세상 모든 사람이 나를 좋아해 줄 필요가 없다는 깨달음입니다. 내가 이 세상 모든 사람을 좋아하지 않는데 어떻게 이 세상 모든 사람이 나를 좋아해 줄 수 있을까요? 그런데 우리는 누군가가 나를 싫어한다는 사실에 얼마나 가슴 아파하며 살고 있나요? 내가 모두를 좋아하지 않듯 모두가 나를 좋아해 줄 필요는 없습니다. 그건 지나친 욕심입니다. 누군가 나를 싫어한다면 자연의 이치가 그런가 보다 하고 그냥 넘어가면 됩니다"라고 설파하였다.

대한신경정신의학회에서는 의학적인 관점에서 용서에 대해 해설하였다.

"원한을 품는 것은 다른 사람에게 던지려고 뜨거운 석탄을 손에 쥐고 있는 것과 마찬가지이다. 화상을 입는 것은 결국 자기 자신이다"라고 부처는 말했다. 부정적 감정을 품고 있으면 결국 다치고 피해를 입는 쪽은 자신이다.

용서는 잘못한 상대방을 위해서가 아니라 바로 나 자신을 위해, 지극히 개인적인 관점에서라도 배우고 실천해야 한다. 왜냐하면 남을 용서하는 과정을 통해 심리적으로 자신이 먼저 치유되기 때문이다.

내 마음에서 용서받아야 할 사람, 용서받아야 할 과오를 놓아줌으로

써 나 자신을 자유롭게 해방시킬 수 있다. 용서는 잘못을 잊어버리는 망각이 아니며, 타인에게 베푸는 자선도 아니다. 타인의 잘못으로부터 내가 자유로워지고자 하는 정신적 날갯짓이다.

집착에서 벗어나서 자유로워지고 스스로가 정신적으로 더욱 발전할 수 있는 것. 그것이 선지자들이 말하는 '용서가 주는 구원'임을 기억하자."

예수님도 용서에 대해 직접 실천하고 제자들에게 당부하셨다.

> "자기에게 잘 해주는 사람에게만 잘해준다면 칭찬받을 것이 무엇이 겠느냐?"
>
> "오직 너희는 원수를 사랑하고 선대하며 아무것도 바라지 말고 꾸어 주라. 그리하면 너희 상이 클 것이요 또 지극히 높으신 이의 아들이 되리니 그는 은혜를 모르는 자와 악한 자에게도 인자하시니라. (누가복음 6장 35절)"

"용서는 인간이 할 수 있는 가장 위대한 것이다"라고 한다.

그만큼 어렵다는 말이다.

그래도 해야 한다. 결국 나를 위해서.

차 사고의 소중한 경험

수십 년간 자가용을 굴리면서 크고 작은 사고를 경험했다.

가장 큰 사고로는 한적한 일요일 아침 신촌 사거리에서 이대 쪽으로 가는 중에 갑자기 반대편에서 오던 초보 여성 운전자가 중앙선을 침범하여 내 차와 정면충돌하고 말았다.

그 당시 지나던 택시 기사님이 나를 도로변으로 옮기고 교통정리까지 해서 도움을 주었다.

이후, 택시를 운전하는 분들에게 늘 좋은 인상을 가져왔다.

큰 부상을 당하고 근 1년여 동안 병원 신세를 졌었다.

합의금으로 건네받은 2백여만 원을 전부 좋은 곳에 기부했었다.

지금까지 주의를 해왔지만 가벼운 사고가 이어졌다.

돌이켜 보니 사고 전에는 이상하게도 전조 증상이 꼭 왔었다.

이를테면 어쩐지 기분이 언짢아 운전대를 잡기 싫은 기분이 든다든지 전날 꿈자리가 어지러웠던 경우도 있었다.

지금 타고 있는 차는 18년이나 지나고 주행 거리가 30만 km를 넘긴 구형 그랜져이다.

일본에 유학을 떠나기 전에 버스 기사 분에게 헐값(70만 원)에 팔고 떠났었다.

귀국 후 안부 전화를 하는 과정에서 아들이 다른 차를 원하니 다시

타려면 팔겠다고 한다. 10만 원을 더 얹어 구매하여 내 품으로 돌아왔다.

　사람으로 치면 돌아온 연인 같은 기분이었다. 시내버스를 모는 분이라 자동차에 대한 지식이 해박하여 이곳저곳을 손을 봐서 거의 새 차(?)로 만들어 놨다.

　이제 폐차 때까지 나하고 함께 갈 것이다.

　평소 운전할 때, 조심조심하고 양보 운전을 생활화하고 있다.

　지난해 내 부주의로 가벼운 사고를 냈다. 그날은 비가 세차게 몰아쳐 더 주의를 요했다. 농협지점에 돈을 찾으러 갔다가 차를 도로 가장자리에 주차했는데 돈을 찾아 나오니 차가 보이지 않았다. 깜짝 놀라 주위를 살펴보니 차가 밀려 수십 미터까지 내려가 개인택시와 살짝 부딪히고 말았다.

　평소 잠시 주차 시에는 자동차 키를 빼지 않고 깜박이를 켜고 일을 봤는데 키를 빼고 N에 놓고 나온 것이 문제였다. 일전에 키를 꽂은 채 나왔다가 차문이 잠겨 고생했던 경험이 있어서 이후로는 빼는 버릇이 길들여있었다. 차를 옮기고 보니 내 차는 뒤 범퍼가 약간 흠이 났는데,

비해 택시는 이상이 없었다. 천만다행으로 사람도 다치지 않았다.

더 자세히 살펴보고 이상이 없음을 확인 후 전화번호를 주고받고 떠났다.

그런데 교회 예배를 보는 중에 전화가 왔다.

자기 차에 기스를 발견했다고 한다.

직감적으로 많이 들어왔던 기사 곤조가 시작되는구나 싶었다. 아닌 게 아니라 돈을 요구했다. 아니면 보험으로 처리하라는 협박을 서슴지 않았다.

고민 끝에 잘 아는 개인택시 기사 친구에게 조언을 구하니 적당히 돈을 주고 해결하란다.

금액은 한 오만 원 정도 보내라고 했다.

하지만 그 기사는 당장 15만 원을 보내란다.

금액을 좀 깎아보려 노력했지만 손톱도 들어가지 않았다. 하는 수없이 다 보내고 말았다. 평소 택시기사 분들에 대해 좋은 인상을 지니고 있었는데 정반대의 경우를 당했다. 씁쓸했다.

경험자들의 얘기를 들어보면 거리에는 악질 운전자가 너무 많다고 한다. 아예 병원에 드러눕는 사람도 있단다.

언젠가 명절 귀성길에 차가 가다 서다를 반복한 끝에 내 뒤차가 주의 태만으로 범퍼를 받아 표나게 들어갔었다. 그때 언뜻 이런 마음이 들었다.

고향을 갔다가 올라가는 길에 본의 아니게 한 것인데 내가 참아 주자고.

그 말을 듣고 상대방 운전자는 적잖이 놀라면서 방향을 틀어 재빨리 도망가던 모습이 떠오른다.

언젠가 내가 반대의 경우를 당했을 경우, 다른 분이 내게도 이런 호혜를 베풀 것으로 기대했기 때문에 집사람의 핀잔을 무릅쓰고 그냥 보낸 것이다.

그런데 지금까지 그런 고마운 분을 만나지 못했다.

오히려 정말 이해하지 못할 경우를 여러 번 당했다.

그날도 마찬가지이다. 그분은 그래도 그 정도라 다행이다. 그냥 살짝 그은 것을 가지고 드러눕는 것은 기본으로 하고 거액의 돈까지 뜯어가는 자들이 너무 많다고 한다.

귀한 경험을 또 했다.

차는 편리하다. '코로나19'의 염려도 줄어든다.

하지만 잘못하면 흉기가 될 수 있고 작은 사고로 인해 겪지 않아도 될 험악한 경험을 할 수도 있다.

앞으로는 명심에 명심하고 안전운전을 해야겠다.

도로에는 보통의 양심 있는 운전자가 대부분이다.

그러나 악질 운전자도 그에 못지않게 많기 때문이다.

신(神)은 공평하다

"흔히들 돈이 있으면 시간이 없고 시간이 있으면 돈이 없고 돈 있고 시간이 있으면 건강이 없다"라는 말이 있다.

살아보니 참으로 맞는 말이다.

시간, 돈, 건강 모두 다 갖추기란 현실적으로 어렵다.

부(富), 명예, 건강도 마찬가지이다.

"돈을 잃으면 조금 잃는 것이고 명예를 잃으면 조금 많이 잃는 것이다. 하지만 건강을 잃는 것은 모두를 잃는 것이다"라는 말도 있다.

돈도 많고 명예도 얻고 건강하다면 금상첨화이겠지만 이 또한 마음대로 되지 않는다.

신(神)은 공평하기 때문이다.

은퇴 이후에는 남는 게 시간이라는 말이 있다.

하지만 우리나라 은퇴자들은 돈이 풍족하게 준비된 사람이 그리 많지 않다.

그러다 보니 돈을 더 벌어야 한다. 시간이 없다. 건강도 챙겨야 하는데 그러질 못한다. 여유로운 은퇴 생활을 누리기가 어렵다.

우리나라 대부분의 베이비부머들이 겪고 있는 모습이다.

가을이 깊어 가고 있다.

짓 노랗게 물들어가는 은행잎처럼 우리네 인생도 얼마든지 아름다움을 내뿜을 수 있다.

가진 돈이 얼마 되지 않지만 나만이 즐길 수 있는 충분한 시간이 있고 건강이 있다면 만족해야 할 것이다.

더 가지려고 발버둥을 친다면 소중한 시간을 낭비하고 건강까지 잃어 결국 수명을 단축한다고 생각한다.

"인생 그까이꺼 뭐 있어. 좀 덜 쓰고 덜 먹으면 된다. 너무 욕심을 내지 말고."

내가 좀 바보가 되고 약간 손해를 보면
친구들이 모이고 행복은 덤으로 따라온다

육십갑자를 한 바퀴 돌고 이제 저만치 칠십을 바라보니 진정한 행복의 의미를 조금은 알 것 같다. 행복은 좀 모자람과 손해를 보는 데에서 나온다는 사실이다.

먼저, 실제로 내가 좀 바보가 되어 부족한 점을 보이면 주위에 친구들이 모인다. 인간은 누구나 자기를 존중해 주고 인정해 주기를 바라고 있다.

그러므로 자기 자존심을 좀 내려놓고 상대방을 높여 준다면 이 세상에 싫어할 사람이 없다. 여기에는 손위나 아래를 불문한다. 아랫사람일수록 더 겸손하게 대해야 한다. 그래야 노인 대접을 받을 수 있다.

고 김수환 추기경님은 바보 철학을 몸소 실천하여 우리에게 많은 것을 던져주시고 가셨다. 경봉 대선사는 "바보가 되거라. 사람 노릇 하자면 일이 많다. 바보가 되는 데에서 참사람이 나온다"라고 제자들에게 당부하셨다.

우리 인간이 알면 얼마나 알겠는가! 가끔 공부 좀 했다고 목에 힘을 주고 상대방을 무시하는 사람을 본다. 덜 익은 곡식이 머리가 빳빳하다.

다음은 은퇴 후의 돈 얘기이다.

지갑은 열고 입은 닫으라고 한다. 그런데 실제로는 그 반대로 되는 경우가 많다. 용돈이 부족하다 보니 지갑을 함부로 열기가 어렵다.

그런데 지혜롭게 지갑을 여는 방법이 있다. 예를 들면 동네 테니스 회원들과 운동 후 한 잔 하는 경우가 있다. 단골집에서 막걸리에다 돼지고기 모듬 구이를 시키면 대개 1인당 만 원이면 된다. 가끔 몇 천 원에서 돈 만 원 정도 초과되는 경우가 있다. 이때, 총무를 보는 내가 나머지를 부담한다. 얼마 되지 않지만 내가 좀 손해 보면 바보가 되는 것이 아니라 오히려 분위기를 좋게 하고 마음도 행복해 진다.

"소 잃고 외양간 고친다"라는 말이 있다.

지금 살아있을 때, 지금 움직일 수 있을 때, 좀 바보같이 살아보자.

좀 모자라게 살아보자. 좀 손해 보고 살아보자.

그곳에 행복이 꼭꼭 숨어있기 때문이다.

가슴속에 남아있는 멋진 만남

'코로나19'로 인해 집콕하는 시간이 늘어난다.

지금까지 나를 스치고 간 수많은 인연을 되새겨 본다.

가장 가까운 인연은 역시 부모 자식 간이다. 나아가 형제자매, 가까운 친척, 친지, 친구나 동료들이다.

그런데 만남은 반드시 이별을 동반한다.

이를테면 회자정리(會者定離), 거자필반(去者必返), 생자필멸(生者必滅)이다.

즉, 만남에는 헤어짐이 정해져 있고 떠남이 있으면 반드시 돌아온다. 그리고 태어난 것은 반드시 죽는다.

나이 들수록 만나는 횟수가 줄어든다. 그렇게 사랑했던 부부나 연인뿐만 아니라 평생 같이 갈 것 같은 친구도 서서히 멀어져 간다.

여기서 멋진 헤어짐에 대해 잠시 생각해 본다.

좋은 사람으로 만나 착한 사람으로 헤어져 그리운 사람으로 남아있다면 성공적인 만남이라 하겠다.

가슴속에 남아있는 사람은 헤어졌다고 볼 수 없다. 남녀 간의 사랑도 마찬가지다. 세월이 흘러 헤어졌더라도 애틋하게 그리워진다면 멋진 만남이다.

그것이 진짜 사랑했던 연인이라 할 수 있지 않을까.

삶은 만남의 연속이다.

하지만 세월이 흘러감에 따라 점점 줄어든다.

결국 언젠가 홀로 이 세상을 떠나게 된다.

비록 몸은 헤어졌더라도 마음속에 똬리를 틀고 있다면 멋진 만남이다.

특히, 연인이라면…….

아직도 그런 꿈은 내게 유효하다.

심신이 팔팔하니까.

천당과 지옥은 바로 내 마음속에

살다 보면 짜증이 날 때가 있다. 미워할 때도 있다. 심지어 원망하고 가슴 한구석에 켜켜이 담아둘 때도 있다. 이러면 결국 자기만 손해를 본다. 이게 바로 지옥 같은 삶이다.

돌이켜 보면 나를 무시하고 상처를 주는 말을 들었을 때, 참지 못하고 다투거나 싸웠던 경우가 있었다.

이때, 다시 화해하기까지는 오랜 시일이 걸렸다. 아니 영원히 원수처럼 지낼 수도 있었다. 엎지른 물을 다시 그릇에 담을 수 없듯이.

인간관계가 그래서 중요하다.

이러한 감정이 들 경우, 일단 한 발짝 뒤로 물러서서 크게 심호흡을 하면 많이 누그러지게 할 수 있다고 한다. 꼭 실천해 보고 싶다.

반면에 성현들은 늘 감사하고 사랑한다면 그게 바로 천당이고 행복이란다. 지당하신 말씀이다. 이렇게 되려면 먼저 베풀어야 한다. 내가 상대에게 대가 없이 좀 손해 보더라도 주면 분명히 남는다. 그 사람이 똑같이 돌려주는 것이 아니라 내가 평안하고 건강해진다.

오히려 내게 이런 마음을 준 그 사람에게 감사해야 한다. 전 세계 70억이 넘는 사람 중에 나하고 만나는 사람들은 모두 전생에 인연이 있다.

내가 넉넉해서 주는 것이 아니라 전생에 내가 분명히 빚진 것이 있다고 생각해서 거저 준다고 생각하면 그게 행복이고 천당이라 믿는다.

돌이켜 보니 소년 시절 밑바닥에서 눈물의 세월을 보낸 터라 상처를 주거나 받을 때가 종종 있었다. 아픈 데를 건드리는 사람들이 곳곳에 포진하고 있었다.

이제, 칠십을 바라보는 나이이다.

이후로는 어떤 경우에도 화를 내지 않는 똑똑한 바보가 되어야겠다고 다짐에 다짐을 해 본다. 이제부터 지난 모든 허물을 다 벗어버리고 하루하루 감사하며 생활 속에서 천국을 만들고 싶다.

조금만 생각을 바꿔도
결과는 엄청나게 달라진다

생각을 조금만 바꿔도 일이 잘 이루어지는 경우를 만난다. 한때, 잘 나갔던 대우그룹 김우중 회장의 일화이다. 그는 일 년의 대부분을 해외 시장에 나가 세일즈맨으로 시간을 보냈다. 한 번은 아프리카 지방에 신발을 팔려고 갔었다. 그런데 많은 사람이 신발을 신지 않고 맨발로 다니고 있었다.

같이 갔던 동료들은 시장 가치가 없다고 했지만 오히려 김 회장은 역발상으로 여기가 신발을 팔 수 있는 시장으로 판단하고 밀어붙인 결과, 많은 수출 실적을 올렸다고 한다. 그의 눈에는 늘 돈을 벌 수 있는 시장이 늘려 있었다고 한다.

또 한 가지 사례가 있다. 바로 스님에게 빗 팔기란 유명한 얘기이다.

사실, 스님에게 빗은 필요가 없다. 그런데 실제 스님에게 빗을 팔아 돈을 번 사람이 있다. 이제 그의 비결을 들어보자.

그가 찾은 곳은 깊은 골짜기에 있는 유명한 사찰이었다.

주지 스님을 만난 자리에서, 그는 "이런 곳까지 찾아오는 신자들에게 부적과 같은 뜻깊은 선물을 해야 한다"며 "빗에다 스님의 필체로 '적선소'(積善梳 : 선을 쌓는 빗)를 새겨 주면 더 많은 신자가 찾아올 것"이라고 말했다.

그러자 주지 스님은 나무 빗 1천 개를 사서 신자들에게 선물했고, 반응도 폭발적이었다. 그래서 수만 개의 빗을 납품하라는 주문을 받았다는 것이다.

모든 것은 생각하는 대로 된다. 생각을 바꾸면 결과는 엄청나게 달라진다.

'코로나19' 바이러스로 인해 세상이 온통 캄캄하게 보일 수 있다.

하지만 이런 때 조용히 독서를 하며 내면을 다지거나 심지어 책을 쓰는 기회로 삼는 이들도 있다. 머지않아 활기찬 일상이 오기를 기다리면서.

바지 뒷주머니에 넣은 지갑은
내 것이 아니다

시골 어머님의 낙상사고로 긴급히 고향 김천을 가고 있었다.

급한 기분에 KTX를 탔으나 입석밖에 없었다. 용케도 열차 칸 사이에 있는 조그만 접의자를 차지할 수 있었다. 너무 작아 엉덩이가 아플 정도였다. 마침 준비한 책을 읽고 갔으니 비록 입석이지만 유익한 시간이었다.

그런데 하마터면 큰일 날 뻔한 일이 벌어졌다.

딱딱한 자리에서 힘이 들어 자꾸 엉덩이를 이리저리 움직였더니 저절로 바지 뒷주머니에 넣었던 지갑이 빠졌다. 중요한 카드와 약간의 돈이 들어 있었는데.

바지 뒷주머니 단추가 쉽게 빠진다는 것을 뒤늦게 알았다.

천만다행으로 김천구미역에서 같이 내리는 젊은 친구가 지갑을 발견하고 얘기 해주지 않았다면 어찌할 뻔했는가.

오마이갓!

나이 들어 정말 조심조심해야겠다.

흔히들 뒷주머니에 지갑을 넣고 다니는 경우가 허다한데 이번 일을 당하고 절대로 넣으면 안 된다는 사실을 깨달았다.

좀 거시기하더라도 신사복의 안주머니에 넣고 단단히 단추를 잠그고 다녀야 안전하다.

"뒷주머니의 지갑은 남의 지갑이다"라는 말이 맞는 말임을 실감했다. 정말 값진 경험이다.

아직 살 만한 세상이다

살아가면서 이따금 감동을 받은 일이 있다.

도로에서 운전을 해 보면 다들 성난 사람들 같은데 간혹 먼저 양보를 해주어 감사의 깜박이를 켜게 하는 이웃을 만난다.

나도 크게 선심(?)을 쓴 적이 있다.

앞에서도 얘기했지만 지난해 명절에 고향에 갔다 오는 고속도로에서 가벼운 접촉사고가 일어났다.

가다 서다를 반복하다 뒤차에 가볍게 부딪혀 내 차 범퍼에 흠집이 생겼다, 새 차였지만 설을 쇠고 귀경을 하는 터라 서로 주의하자는 말을 건네고 웃으면서 헤어졌다.

지금까지 운전대를 잡으면 양보 운전을 하려고 노력해 왔다.

한편 반대의 경우도 여러 번 경험했다. 나의 주의 부족으로 버스의 범퍼를 가볍게 박았는데 버스 기사를 비롯하여 승객 2명이 다쳤다며 보험회사에 신고하는 것을 보고 아연실색한 적이 있다.

그리고 어느 택시기사의 뻔뻔함을 잊을 수 없다. 상갓집에 가느라 도심에 모처럼 들어갔었다. 도로가 밀려 서행을 거듭하다가 내 잘못으로 앞차의 뒤 범퍼를 살짝 부닥쳤다. 붙여 놓은 고무가 떨어져 오래전 긁힌 기스가 보였다. 그런데 그 택시 기사는 그것이 내가 긁었다는 것이다. 하도 억지를 부리기에 말리던 교통경찰이 적당히 주고 보내라고 하였다. 하는 수 없이 부의금을 털어 주고 말았다. 그런 양심으로 어떻게 손님을 맞으며 도로를 달리는지 어처구니가 없었다.

하지만 아직도 우리 주위에는 훈훈한 정이 많이 남아있다.

이 세상은 혼자 살 수 없다. 서로 도우며 살아야 한다.

"내 이웃을 내 몸과 같이 사랑하라"는 말씀을 되새기면서.

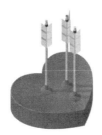

NK세포를 양산하는 '웃음'

"삶의 목적이 행복이라면 웃음은 행복을 여는 열쇠이고 감사는 행복을 만드는 창조의 손이다"라는 말이 있다.

웃음과 감사, 둘 다 인간이 꼭 갖추어야 할 생활필수품이다.

오늘은 웃음에 관한 얘기이다.

나는 오래전부터 '고도원의 아침편지'의 왕팬이다.

일어나자마자 다음메일을 열어 아침편지를 읽고 있다.

짧은 글 속에 깊은 의미를 내포하고 있어서이다.

한데 메시지의 말미에는 늘 "오늘도 많이 웃으세요"라는 멘트를 넣고 있다. 그만큼 웃음을 강조한 것이다.

홍성남 가톨릭 영성심리상담소장의 얘기를 들어보자.

"가톨릭교회가 웃음에 인색한 편이다. 영성의 수준은 웃음과 깊은 연관성을 갖는다"라고 주장한다. 사실 천주교에 대한 인상은 엄숙함이다. 은은하고 웅장한 합창 속에 높은 예배당의 모습이 떠오른다.

그는 천주교 내 웃음전도사로서 뛰고 있다.

억지로 웃는 웃음에서부터 온몸을 흔들면서 웃는 웃음까지 그 어떤 웃음이든 약효는 다 있다고 한다. 웃음은 영성과 건강에 모두 영향을 준다고 한다.

요즘 같아선 웃을 일이 없다고 푸념하는 사람들이 많다.

특히 '코로나19'에다가 암울한 경제 때문에 더 얼굴을 펼 수 없는 분들이 많다.

하지만 웃음은 건강하게 살아가기를 원하는 우리 평범한 사람들이 갖추어야 할 필요충분조건이다. 억지로 웃어도 암을 공격하는 NK세포를 만들어 낸다고 하니까 말이다.

나는 매일 아침 테니스를 치면서 억지로라도(?) 실컷 웃는다. 잘 쳐서 웃고 실수해서도 웃는다.

거울을 쳐다보면서 입 양쪽 끝을 힘껏 위로 올리는 연습을 한다. 댄싱을 하거나 심지어 교회에서 대표기도를 할 때도 웃음 띤 얼굴 모습을 보여 주려 노력하고 있다.

수십 년 전 어느 기도원 정문에 내걸린 표어를 아직도 기억하고 있다.

"암은 병이 아니다. 낙심이 병이다. 웃읍시다. 하하하!"

내 좌우명의 첫 번째도 "항상 웃자"이다.

"항상 웃자. 모두에게 감사하자. 바보가 되자."

'웃음'도 실천이 문제이다.

희로애락이 번갈아 일어나는 인생길을 걷다보면 늘 웃으면서 살기가 어려울지도 모른다.

그런데도 늘 웃음과 동행하면서 살고 싶다.

주면 남는 진리

"사람이 이 땅에 살면서 제일 하기 어려운 것 두 가지는 죄를 안 짓는 것과 내게 상처를 준 사람을 용서하는 일이다"라고 어느 천주교 신부는 주장하였다.

나는 여기에 대가(對價) 없이 주는 봉사(奉仕)를 하나 더하고 싶다. 세계 제일의 강국인 미국의 힘은 자원봉사에서 나온다고 한다. 언뜻 생각하기에는 미국하면 퇴폐와 권총 강도 등 부정적인 측면이 떠오르는 것이 사실이지만 수많은 자원봉사자가 어릴 때부터 물심양면으로 이웃을 돕고 있기 때문에 거기서 눈에 보이지 않는 힘이 생긴다는 것이다.

오래전 TV에서 방영된 말기 암의 고통을 겪고 있는 어느 여자 환자의 인터뷰 장면이 아직도 기억에 생생하다. 그녀는 "내가 만약 일주일만 건강한 모습으로 다시 인생을 살 수 있다면 제일 먼저 신세를 진 사람들에게 은혜를 갚고 나보다 못한 이웃을 단 한 번이라도 돕고 싶다"고 애절한 목소리로 고백하였다. 그 순간 TV 자막에는 고인의 명복을 비는 자막이 지나가고 있었다.

성경에도 "부자가 하늘나라에 들어가는 것보다 낙타가 바늘귀를 통과하기가 더 쉽다"라고 말하고 있듯이 우리 주변의 부자들이 다 그런 것은 아니지만 돈이 많으면 많을수록 더 남을 돕기가 어려운 모양이다. 그러기에 우리는 스스로 어려운 처지에 있는 사람들이 더 힘들게 살아가는 이웃을 돕는 모습을 보면서 진한 감동을 받게 된다.

돌이켜 보면 가난이 생활필수품으로 되어 있었던 60년대는 우리 주위에 훈훈한 인간미가 넘쳐났었다. 시골 촌놈 중에 촌놈인 나는 삼촌 덕분에 중고등학교를 부산으로 내려가 유학을 갈 수 있었다.

그때 학비 마련을 위해 아침에 신문 배달을 잠시 한 적이 있었는데 시내버스를 타면 안내양 누나는 차비를 받지 않았다. 옆에 끼고 있는 신문이 힘겹게도 보였지만 무엇보다 우리는 서로를 이해하고 있었다. 나도 내릴 때 슬쩍 신문 한 부를 건네고 격려의 눈인사를 보내곤 했다.

이렇듯 사람이 한평생을 살아가면서 '주는 삶'을 영위할 수 있다면 행복의 여러 조건 가운데 한 가지를 얻었다고 생각한다.

나는 지금까지 살아오면서 하나를 주면 둘 셋을 얻고 둘을 주면 네다섯으로 다시 내게 돌아오는 제곱의 법칙, '주면 남는 진리'를 삶의 현장에서 터득하고 있다.

지난 약 40년간의 직장생활을 회고해 볼 때, 어려운 고비도 참 많았지만 동료나 이웃에게 값없이 베푼 그것이 물질이든지 건강이든지 꼭 내게로 살이 붙어 되돌아 왔다.

오래전 농협 근무 시절의 얘기이다.

농협의 여러 업무 가운데 보험은 우리 직원들이 넘어야 할 첫 고비이다. 연초 여러 목표 가운데 가장 먼저 해치워야 할 업무이기도 하다. 한편 보험은 농협의 여러 가지 사업 중에 수익에 직접 영향을 미칠 뿐만 아니라 추진한 직원에게도 소득(권유 수당)이 되는 일거양득의 업무이다.

서울 사당동지점 부지점장 시절에 겪은 일은 수십 년이 지난 지금도 새롭다. 당시 나는 과거 보험 세일즈 왕까지 한 경험을 살려 좀 독특한 목표를 세웠다. 보험 추진에 따른 필요경비를 빼고 관내 무의탁 노인(61명)을 대상으로 매월 20킬로 짜리 쌀 6포대 이상씩 기부하자는 것이었다.

좋은 뜻이 깃들어서 그런지 신기하게도 꼬리에 꼬리를 물고 고객이 이어졌다. 매월 목표를 달성하여 1년 이상 사당복지관을 통해 어려운 무의탁노인들에게 사랑의 쌀을 전달할 수 있었다.

한 번은 이런 일도 있었다. 추석이 끼인 달이라 꼭 쌀을 전달해야 하는데 보험 추진이 되지 않았다. 할 수 없이 내 통장에서 먼저 빼내어 10포대를 전달하고 왔는데 사무실에 돌아오니 뜻밖의 고객이 1억 원을 들고 왔다.

'한 번 고객은 영원한 고객'이라는 생각으로 계속 관심을 가져온 고객이 다른 고객을 소개하여 이루어진 것이다. 이러한 일을 계속하려다 청경한테 들키고 말았다.

그 이후 적극적으로 권유하지도 않았는데 청경, 기사, 파트타이머, 말단직원 등을 중심으로 봉투를 만들어 가져왔을 때 가슴 한쪽이 찡해 왔었다.

첫 사업으로 월세로 얻은 연립 지하 단칸방에서 정부 보조금과 취로사업을 하며 힘겹게 살아가는 할머니를 소개받아 햅쌀과 과일 등을 준비하여 직접 전달하고 지병으로 고생하는 할머니를 계속 지원하였다. 일선 지점 근무를 거쳐 평소 소원했던 농협대학 교수로 영전되어 정말 열심히 연구하고 충실히 강의하려고 했다.

대학 강의 중간에 일선 농협이나 각종 사회단체에서 특별 강의 요청이 들어와 전국을 누비고 다닌 행운을 얻었다. 덕분에 대중 강의 실력도 늘고 덩달아 강사료 수입도 짭짤했다.

그런데 받은 강사료는 모두 별도 통장에 입금하여 가난한 농협대학생들에게 장학금을 지급해 왔다. 일단 들어 온 돈을 내놓기가 쉽지 않았지만 그들을 돕는 것이 더 큰 보람이라 생각했기 때문에 흔쾌히 할 수 있었다.

지금도 전국 각지 농협에서 내가 뿌린 수십 명의 씨앗이 무럭무럭 자라고 있을 것으로 생각하니 뿌듯한 마음을 금할 길이 없다. 몇 년 전부터는 교회에서 수지침 봉사를 하고 있다. 어렵게 딴 자격증(서금요법사)을 살릴 겸 해서 노인들을 상대로 수지침과 뜸을 손바닥에 정성껏 뜨고 있다. 물론 각종 재료는 내 돈으로 준비하고 무료봉사이다.

"너무 시원하고 덕분에 오늘 저녁은 잠도 잘 오겠네요. 고맙습니다"하는 얘기를 듣고 나면 젊은(?) 내게서 빠져나간 기(氣)가 되살아나는 것 같다.

인생 100세 시대이다. 지난 세월을 돌이켜 보니 값없이 이웃을 위해 베푼 것은 그 무엇이든 내게 돌아왔다는 사실을 새삼 느낀다. 다시 한 번 강조하지만 그것도 곱빼기로.

여기서 나는 사회 구성원 모두가 이러한 '주면 남는 진리'를 실천하여 수지맞는 장사(?)를 한번 해 보면 어떨까 제의해 본다. 진정한 삶의 행복은 나보다 못한 이웃을 도와가며 사는 데 있기 때문이다.

이제 덤으로 사는 남은 세월도 그날 삶을 마감하며 얘기한 그녀의 마지막 말을 생각하면서 이웃들에게 감사하고 앞으로도 주면 남는 진리를 계속 증명해 보이고 싶다.

'나' 만의 절대적인 행복

　남보다 더 많이 무엇인가를 갖고 싶어 하는 게 인간들의 마음이다. 물론 더 예뻐지고 싶고 더 많이 배워서 명예도 얻고 싶다. 이 모든 것이 남하고 비교하는 마음에서 시작된다.

　만약, 비교할 상대가 없다면 다 부질없는 짓이 되고 만다.

　젊었을 때는 삶 자체가 경쟁적이고 늘 상대하고 비교하며 살아왔다. 그런 가운데 도태되어 하류 계급으로 처지는 사람도 있다.

　한편으론 경쟁심의 발로로 각 분야가 더 발전적인 측면도 있다.

　하지만 노년기에는 다르다.

　더 모으고 더 많이 가지려 하다가 병마가 찾아오든지 아니면 다른 곳에서 마이너스가 뒤따라온다.

　'신은 공평하다'라는 말이 있다.

　절대 한 사람에게 건강과 돈, 명예 등을 다 주지 않는다.

　그래서 나이 들어서는 남과 비교하지 말고 스스로 행복을 찾는 것이 가장 바람직하다고 생각한다.

　법정 스님도 살아생전에 이 점을 늘 강조하셨다.

나 자신이 될 수 있어야

법정 스님

누구보다 더 잘나고 싶고
누구보다 더 아름답고 싶고
누구보다 더 잘 살고 싶고
누구보다 더 행복하고 싶은 마음들
우리 마음은 끊임없이 상대를 세워 놓고
상대와 비교하며 살아갑니다.
비교 우위를 마치 성공인 양, 행복인 양
비교 열등을 마치 실패인 양, 불행인 양
그러고 살아가지만
비교 속에서 행복해지려는 마음은
그런 상대적 행복은 참된 행복이라 할 수 없어
무언가 내 밖에 다른 대상이 있어야만
행복할 수 있기 때문입니다.
나 혼자서 행복할 수 있어야 합니다.
그저 나 자신만을 가지고
충분히 평화로울 수 있어야 합니다.
나 혼자서 행복할 수 있다는 것은
상대 행복이 아닌 절대 행복이라 할 수 있을 것입니다.
무엇이 없어도 누구보다 더 잘나지 않았어도
그런 내 밖의 비교 대상을 세우지 않고
내 마음의 평화에는 아무런 문제가 없어야 합니다.

나는 그냥 나 자신이면 됩니다.

누구를 닮을 필요도 없고

누구와 같이 되려고 애쓸 것도 없으며

누구처럼 되지 못했다고 부러워할 것도 없습니다.

우린 누구나 지금 이 모습 이대로의

나 자신이 될 수 있어야 합니다.

은퇴 후 평범한 일상의 행복

가을비가 살짝 내린 정오의 아파트가 평온하다.

다들 일터로 나가고 너무 조용하니 적막하기까지 하다. 늘 스쳐 지나갔던 아파트 정자에 홀로 앉아 새소리를 들으며 한낮의 여유를 즐기고 있다. '유유자적'이란 말이 이를 두고 하는 말이리라.

때론 이런 멋있는 여유(?)를 즐기면서 쉬어 가는 것도 삶의 질을 높이는 것이 아닐까 생각해 본다.

세상 속의 치열한 생존경쟁에서 다 이겼다고 오만을 부릴 때, 정반대의 세상이 기다리고 있음을 흔히 볼 수 있다.

청와대와 구치소가 멀지 않은 이웃임을 지금 우리는 보고 있다. 한국 제일의 갑부도 구치소에 갇혀 있다. 그러고 보니 중간도 되지 않는 나지만 내 집에서 잘살고 있으니 이만해도 행복하다고 자위해 본다.

'무소유', 법정 스님을 비롯하여 불가의 유명 스님들이 주장하는 불교 철학이다. 빈 몸으로 왔으니 빈 몸으로 돌아가는 것이 우리네 인생이라는 것이다.

인생 1모작에서 열심히 산을 올라 나름대로 정상을 정복하고도 내려오려 하지 않거나 하산 길에도 자꾸 다시 위로 올라가려는 욕망을 품고 욕심을 부리는 사람을 종종 본다.

그것이 직업적인 욕심이 아니라 베풂의 노력이라면 아무 문제가 없다.

그러나 돈 욕심에 그 손을 놓지 못하는 사람이 부지기수라는 현실이 문제이다. 유명한 유튜브 강사이신 황창연 신부님은 "죽을 때 딱 500만 원만 남기고 다 쓰고 죽어라"고 강론하는 것을 들었다. 자식에게 남겨 봤자 싸움만 시키고 오히려 자식을 버리는 것이니 어떻게든 벌어놓은 재산은 남기지 말라는 것이다. 우리 주위에 삯바느질이나 폐지를 주워서 모은 돈으로 학교나 선행 단체에 다 기부하고 세상을 떠난 분들을 심심찮게 보고 있다.

보통의 노력만 했다면 자기가 벌어놓은 것을 다 못 쓰고 죽는다고 한다. 정말 쓸 돈이 부족하면 집을 줄이거나 역모기지(주택연금)를 해서라도 쓰라는 것이다.

자칫 과소비나 허랑방탕한 생활로 치우치면 안 되겠지만 삶의 질을 높이기 위해 과감히 투자하라는 것이다. 나는 여기에 전적으로 동의하고 싶다.

최근 우리나라도 평균수명이 이웃 일본을 추격하고 있다.

그런데 건강나이는 일본과의 간격을 좁히는데 시간이 더 걸릴 것으로 전문가들은 내다보고 있다. 그만큼 일본인들은 소식에 건강을 평소 다지지만 우리 한국인들은 너무 무리하게 몸을 굴린 나머지 노년의 대부분을 병마와 싸워 쓸쓸한 노후를 보낸다고 한다.

'9988234', 99세까지 88하게 살다가 2~3일 앓은 후 나흘 만에 간다면 최고로 행복한 사람일 것이다.

건강하지 않은 노후는 불행이다. 본인뿐만 아니라 곁에서 부양하는 가족에게도 큰 짐이다.

오늘 근처 가정의학과에 다녀왔다.

아직은 괜찮은 편이나 혈압이 조금 높고 신장 기능이 조금 떨어지고 있단다. 피를 빼고 다시 검사를 받기로 했다.

아침 운동을 거르지 않고 담배는 오래 전에 끊었으며 술도 적당량으로 자제하고 있지만 세월에는 장사가 없는가 보다.

60 중반을 넘어 칠십을 바라보는 내가 젊었을 적 모습을 떠올릴 수는 있지만 다시 돌아갈 수 없는 것이다. "오는 질병은 친구로 삼아라"라는 말이 있다. 생로병사의 법칙을 벗어날 수는 없으니 기왕 가는 길이라면 웃으면서 친구와 함께 가라는 말일 것이다.

모처럼 아파트 정자에 홀로 앉아 있자니 오만 생각이 다 든다. 아마도 내가 늙었다는 증거이리라.

한 번도 이런 여유를 부리지 못한 내가 오늘 인생의 참맛을 느끼게 된다.

잠시 왔다가는 인생, 너무 재미없게 살지 말자.

평범한 일상 속에서 누리는 이 모든 것이 진정한 행복이라 여겨진다.

'소확행'의 기쁨

소확행(小確幸, しょうかっこう), 작지만 확실하게 실현 가능한 행복 또는 그러한 행복을 추구하는 삶의 경향이라고도 한다.

이는 일본 작가 무라카미 하루키(村上 はるき)의 수필집에서 행복을 갓 구운 빵을 손으로 찢어 먹는 것, 새로 산 정결한 면 냄새가 풍기는 하얀 셔츠를 머리에서부터 뒤집어쓸 때의 기분과 같은 것이라고 정의했다.

일상생활에서 소소하게 일어나는 일들이 잘 생각해 보면 참으로 소중하고 귀한 것들이다.

요양병원에 잠시 입원하신 어머님을 뵈었을 때, 하루 종일 침대에 누워 지내는데 대소변까지 간병인의 도움으로 해결하는 것을 보고 많은 생각이 들었다. 불과 20년 밖에 차이가 나지 않는지라 나의 미래를 미리 점쳐볼 수 있었다.

잘 자고 때맞춰 잘 싸고 맛있는 먹거리를 양쪽 어금니로 꼭꼭 씹어 먹을 수 있다는 게 얼마나 행복한 일인지를 새삼 알 것 같다.

뒷산에 오르니 막 꽃망울이 터질 것 같은 진달래가 나를 반긴다. 세상에 부자가 된 기분이다.

집 근처에 야트막한 동산이 있고 테니스장이 있어 좋다.

집값이 서울 강남에 비해 형편없이 싸지만 50평 아파트의 내 공간을 여유롭게 사용할 수 있어서 좋다.

서울역이나 인천공항까지 20~30분대에 갈 수 있고 공기마저 맑은 이곳 고촌이 좋다.

어느 할머니 집사가 교회에 와서 늘 같은 기도만 드렸다고 한다.

"주님 거저 거저 감사합니다." 올바른 기도이다. 탐욕에 젖어 있는 많은 인간들은 "주시옵소서"라고 목청을 돋우지만 이미 잘못된 기도이다. 이러니 교회와 절 모두 상업주의에 젖어 있다고 믿지 않는 사람들이 삿대질을 하는 것이다.

살아있는 거 자체가 행복이다. 법륜 스님의 말씀같이 들의 풀이나 우리 인생이 똑같다.

남아있는 시간만이라도 좋은 업을 쌓고, 소확행의 기쁨을 누릴 수 있도록 노력해야겠다.

어느 중늙은이의 욕심 많은 하루

어제는 요즘 젊은이들에 대해 생각해 보았다.

'이생망' 즉 이번 생은 망했다고 자조적으로 읊조리는 그들 말이다.

앞날이 구만리 같은, 피 끓는 그들이 미래를 포기하는 모습을 보노라면 정말 가슴이 찢어지는 것만 같다. 이것이 우리 기성세대의 책임이라 생각하니 더 마음이 아프다.

오늘은 살 만큼 산 중늙은이 이야기이다.

수년 전에 환갑·진갑까지 다 지나고 보니 사주팔자가 나오지 않는다고 한다. 인생 다됐다는 얘기로 들린다.

사실, 육십 일곱이면 얼마 전까지만 해도 늙은이에 속했다.

그런데 요즘에는 청년은 좀 그렇고 중늙은이(?)라 불러 주면 딱 맞겠다.

이 나이가 되면 대개 은퇴하고 인생 2모작을 본격적으로 준비하고 있다. 조금만 노력하면 얼마든지 하루를 보람 있고 젊게 보낼 수 있는 나이이기도 하다.

내 경우 아침이 늘 부산하다. 국선도 체조로 시작하여 쾌변을 위한 장 마사지 그리고 멋진 강의를 위하고 신앙의 깊이를 더하기 위해 성경을 소리 내어 읽는 기도의 시간을 빠짐없이 갖는다.

아침 신문을 읽고 NHK TV 시청 등 일본어 공부를 빼놓지 않는다.

이어 자전거를 타고 테니스장으로 향한다. 늘 나오는 동료들과 신나게 두어 게임을 한다. 땀으로 흠뻑 젖은 몸에 커피와 물 한 잔은 꿀맛이다. 멋진 샷을 날리면 온갖 스트레스가 날아간다. 아침 멤버 중에는 대개 40대 후반과 60대 초반이 많고 70내가 두 분, 80대도 한 분이 있다.

수십 년 동안 해오던 테니스라 그런지 꼭 오래된 된장 맛 같다.

운동 후 샤워를 하고 간단한 아침 식사를 끝내면 무엇이든 할 수 있을 것 같은 힘이 생긴다. 은행 직원들을 대상으로 강의할 때, 꼭 이런 베스트 컨디션으로 고객을 대해야 진정한 고객 만족을 이루어낼 수 있다고 강조해 오고 있다.

여기서 테니스와 사촌인 골프 얘기를 하지 않을 수 없다.

골프는 삼십대 후반에 시작했다. 당시 서슬퍼런 골프 금지령 속에 너무 조숙했다. 골프는 곧 사치이자 검은돈이 오가고 비리의 온상이라 여겨졌던 시절이 엊그제이고 지금도 그 잔재가 남아있다.

그런데 야구선수 출신이라 그런지 둥근 공만 보면 실력을 발휘하고 있다. 지금도 싱글 스코어를 유지하는 것은 연습도 열심히 하지만 골프를 사랑한 결과라 여겨진다.

말도 많고 탈도 많은 골프지만 여태껏 끊지 못하고 계속 즐기고 있다. 대신 알토란같은 돈이 속절없이 빠져나가고 있다. 은퇴 자금을 제일 많이 갉아먹는 괴물(?)이지만 끈적이처럼 떨어지지 않는다. 그만큼 매력이 있기 때문이다. 이런 나에게 이제 그만치라는 사랑하는 아내로부터의 핀잔을 들을라치면 병원에 가져다줄 돈을 안 내는 셈 치라고 나름대로의 변명을 늘어놓곤 한다. 욕심 같아선 힘이 부칠 때까지 필드를 다니고 싶다.

집중이 잘 되는 오전 시간에는 할 일이 더 많다.

내 경우 전문 분야인 경영학과 더불어 평생의 과업으로 삼은 윤리경

영에 관해 깊이 있게 공부를 하고 있다. 일본을 알아야 일본을 이길 수 있다는 어느 독립운동가의 말을 생각하며 열심히 일본어도 공부하고 있다.

물론 평소 읽고 싶었던 책도 가리지 않고 보고 있다.

오후에는 색소폰과 기타 그리고 오카리나 연습을 게을리 하지 않고 있다.

정서적으로도 좋지만 대중강의나 봉사차 갈 때 요긴하게 써먹을 수 있기 때문이다.

나는 우리나라 고유의 음악, 국악을 너무나도 좋아한다.

옛날에 소질이 있다고 어느 명창이 권유한 판소리는 조금 배우다 아껴 놨다. 그리고 장구와 경기민요를 국립국악원에서 1년간 배운 바 있다. 끼가 있음을 증명했는데 이것도 더 배워야 한다.

더불어 수년 전부터 즐겁게 추고 있는 댄싱을 빼놓을 수 없다.

지르박, 부루스, 도로토, 등 사교댄스와 댄스스포츠로 룸바, 차차차, 자이브 등 라틴댄스와 왈츠, 탱고 등 스텐다드 댄스를 다 배우고 나니 댄싱이 최고라고 생각되어 주위 친구들에게 열심히 전도(?)하고 있다.

"댄싱은 노후에 들어야 할 필수 보험이다"라고 언성을 높여 구슬려 보지만 전도 실적은 그다지 없다. 그만큼 국민 정서가 아직도 덜 깨어있고 남자는 스텝을 배우기가 여간 어렵지 않기 때문이기도 하다. 그 깔딱 고개만 넘으면 좋은 세계가 펼쳐지는데 안타까운 마음이 들 때가 많다.

저녁에는 못다 한 책 읽기와 글쓰기가 기다리고 있다.

물론 정식 야구선수 출신인 내가 한창 종반의 열기를 뿜고 있는 프로야구 경기도 열심히 보고 있다.

이렇듯 하루가 지나가니 중늙은이치고 꽤 젊게 산다고 자부한다. 농부의 자식으로 태어나 도시에 나와서 은행 말단에서 지점장을 거쳐 대학교수로 재직하면서 열심히 살아왔다.

이젠 진정으로 내가 하고 싶은 것을 하면서 천천히 인생 2모작 농사를 짓고 싶다. 비록 풍년작이 아닐지라도.

다만 젊은 마음은 그대로 담고 끝까지 가고 싶다.

일하지 않는 즐거움

은퇴 이후 다양한 취미활동을 하면서 시간을 보내다 보니 하루해가 짧다. 약간의 생산적인 일도 하지만 테니스, 골프, 스포츠댄싱, 자전거 라이딩, 등산 등 운동과 독서, 책 쓰기, 일본어 공부와 더불어 기타, 색소폰, 오카리나, 장구 등 악기 연주를 하다보면 정말 시간이 번개처럼 흐른다.

'일하지 않는 즐거움'이라는 말은 어니 젤린스키가 23년 전에 처음으로 사용했다. '코로나19'로 인해 일자리가 없어지는 이 어려운 시대에 어울리지 않는 말인지도 모른다.

하지만 한 번 왔다가는 이 인생을 사는 동안 스트레스로 인해 건강을 잃어가며 억지로 일을 계속할 필요는 없다고 생각한다.

수십 년간 일하고 은퇴했다면 진짜 하고 싶은 일을 하며 즐겨야 할 권리가 있다.

요즘은 한 직장에서 정년까지 근무하기가 쉽지 않은 세상이다.

물론 공무원이나 교원, 전문직 종사자들은 예외이지만 대부분의 회사에서는 중도에 그만두고 만다.

오늘날에도 워커홀릭(workaholic), 즉 일 중독자들이 꽤나 많이 있다.

그런데 "여가가 많으면 건강이 증진되고 장수하게 된다"라고 한다.

일부 기업체들은 직원들이 질 높은 여가생활을 추구하게 되면 조직의 건강 차원에서도 유익하다는 명백한 사실을 깨달았다. 건강한 직원들이 더 행복하며 보다 생산적이라는 것이다.

질병의 80%가 생활 방식과 관련이 있음을 고려할 때, 질 높은 여가생활의 증가를 통한 직원들의 건강 및 사기 증진에 회사 측도 당연히 관심을 가지게 될 것이다.

일과 놀이 양쪽을 즐기는 이들이 보다 효율적인 근로자들이다.

일 중독증은 심각한 질병이다. 제때 치료하지 않으면 정신적, 육체적인 질환으로 발전될 수 있다.

오히려 여가 중독자들이 더 재미있게 산다.

직업이 있을 때, 여가를 즐기면서 다양한 취미활동을 개발해 놓아야한다. 점진적으로 적응하는 편이 훨씬 수월하기 때문이다.

전문가들은 35세나 그 이전부터 은퇴를 준비해야 한다고 주장한다. 여가생활 계획이 포함된 은퇴 준비코스를 일찍 밟을수록 퇴직 후 만족과 성취감을 얻을 가능성이 있다는 조사 결과가 있다.

은퇴하기 전에 다양한 취미와 기술을 개발해 놓지 않는다면 은퇴한후에 후회한다. 새로 시작하기가 어렵기 때문이다.

또한, 취미를 폭넓게 갖는 것이 중요하다. 취미가 다양하지 않으면인생이 공허하게 느껴질 수 있다.

어떤 취미이든 즐기면서 무리하지 말아야 한다.

일례로 테니스 게임의 경우, 재미 삼아 쳐야지 꼭 이기고 말겠다는자세로 무슨 전쟁터에 나선 사람처럼 비장한 모습으로 치는 사람이 종종 있다. 사실 나부터 그렇다. 당장 고쳐야 한다.

건강을 돈으로 사지 못하는 부자들이 많이 있다.

돈 때문에 억지로 직장에 다니는 사람들도 많다.

만약, 현재의 직업이 정신적, 육체적으로 심각한 피해를 준다면 달리 구해 놓은 직업이 없더라도 그만두는 것이 좋다고 생각한다. 개인의 존엄성과 가치는 여하한 직업을 위해서건 희생이 되어서는 안 된다.

인생을 최대로 즐기며 사는 것을 방해하며 개인적인 희생을 강요하는 직업에 더 이상 미련을 가질 이유가 없다.

많은 업적을 남긴 사람들 가운데는 창조적인 한량들이 있었다. 그들은 여유를 부리면서도 앞서갔다.

빈둥거릴 줄도 알고 바삐 서두르지도 않는다.

진정한 성취인이 되는 비결은 일을 요령 있게 하는 것이지 무작정 열심히 하는 것은 아니다.

반면에 재직 중에 오로지 일에만 매진하여 여가를 즐겁게 보내지 않은 사람들이 있다. 비록 승진해서 출세할지 모르지만 은퇴 이후에는 척박한 일상이 기다리고 있다. 심지어 고독으로 인해 목숨을 끊는 경우도 흔히 볼 수 있다. 오로지 일에만 매달리다 보니 은퇴 이후 그 수많은 시간을 잘 활용하지 못하기 때문이다.

잘 노는 사람이 일도 잘한다.

잘 노는 사람이 인생 2모작 농사도 잘 짓는다.

결론적으로 일과 여가의 균형 잡힌 생활 방식으로 살아가야 한다. 한번 뿐인 멋진 인생을 위하여.

부자가 그리 부럽지 않다

요즘 서울의 집값이 상상을 초월한다.

강남에 있는 웬만한 아파트 한 채 값이 이삼십 억 원이 넘는다고 하니 참으로 기가 차다.

똘똘한 한 채를 갖고 싶은 부자들이 올려놓은 것이다.

대한민국에서 부자가 되는 길은 장사, 부동산 투자, 상속 등을 들 수 있다.

이 가운데 부동산으로 돈을 벌었다면 그것은 투자가 아니라 대부분 투기이다. 그러다 보니 잔뜩 거품이 끼어있다.

이런 투기꾼들이 설쳐대는 바람에 부동산이 투기의 대상이 되고 개중에는 돈을 버는 사람들이 나온다. 투기꾼들은 한밑천만 잡는 게 아니라 대물림까지 해서 돈을 벌려고 한다.

자본주의 사회라 함부로 욕을 할 수는 없지만 이런 부류들이 사회 전체를 흐리게 만든다.

심지어 너무 돈 돈, 하다가 감옥까지 가는 사람들도 있다.

거액의 토지보상금을 받아 형제간에 원수로 지내는 지인이 있다. 부모의 재산을 탐하여 칼부림까지 나는 경우도 있다.

다 돈 때문이다.

나이든 부모가 돈이 많으면 좋지만 늘 좋은 것은 아니다.

우스갯소리로 이런 얘기가 있다.

"돈 많은 노부부가 자식에게 돈을 주지 않으면 졸려 죽고 다 주면 굶어 죽는다."

돈이 있어도 걱정 없어도 걱정이다.
법정 스님이 「무소유의 행복」에서 하신 말씀이다.

"가진 만큼 행복한 것이 아니며 가난은 결코 미덕이 아니다.
다만, 맑은 가난을 내세우는 것은 탐욕을 멀리하기 위해서이다.
가진 것이 적든 많든 덕을 가지며 사는 것이 중요하다.
가능하면 잘 살아야 한다.
돈은 혼자 오지 않고 어두운 그림자를 데려온다.
재산은 인연으로 받은 것이니 내 것도 아니므로 고루 나눠 가져야
한다. 우리 모두 부자가 되기보다는 잘 사는 사람이 되어야 한다."

인간은 어차피 100년도 못 살고 흙으로 돌아가는 존재들이다. 태어
나면 죽는 것이 세상의 이치이다.
흙(humus)과 겸손(humility)은 어원이 같다고 한다.
소박하고 겸손하게 살다가 자연으로 돌아가는 것이 바람직한 노년
이 가야할 길이 아닐까.
지금까지 투기하지 아니하고 은행과 대학에서 성실하게 일하다가
은퇴하여 평범하게 살아가게 되어 고맙게 생각하고 있다.
있는 돈은 크게 없지만 남에게 꾸지는 않을 정도이다.

국민연금, 퇴직연금 그리고 개인연금이 매달 통장으로 들어와 자식 노릇을 톡톡히 해주고 있다. 앞으로 모자라면 주택연금을 신청하면 된다.

돈 때문에 감옥에 갈 일이 없어서 좋다.
돈 때문에 형제간에 의를 상할 일이 없어서 좋다.
돈 때문에 남에게 꾸러 갈 일이 없어 좋다.

이 생명이 다하는 날에는 몇 푼 되지 않을지라도 이 사회에서 나보다 못한 이웃들에게 다 나눠주고 흙으로 돌아가고 싶다.

넘침을 경계하는 신비의 잔,
'계영배'에 관한 이야기

육십도 중반을 넘기고 아니 할 말로 이제 칠십을 바라보니 참된 인생 길에 대해 조금은 알 것 같다.

오래전 최인호의 소설 「상도(商道)」를 감명 깊게 읽었었다. 소설 속의 주인공, 임상옥이 거상이 되는 과정을 재미있게 그려 놓았다.

그중에서 계영배가 나온다. 장사에서나 인간 만사에 과욕을 금하라는 가르침을 담은 그릇이다.

7할을 넘게 부으면 자연적으로 다 쏟아지게 만든 주전자 같은 병이다.

'과유불급'과도 같은 개념이다.

너무 욕심을 부리면 반드시 탈이 나게 마련이다.

권력도 명예도 심지어 건강도 마찬가지이다.

이러한 계영배에 관한 교훈을 학생들에게 교육 현장에서 가르쳤다. 지금도 내 서재에 놓여 있는 계영배를 쳐다보면서 삶의 지침으로 삼고 있다.

채우지 않은 3할은 빈 것이 아니라 일부러 남겨둔 삶의 여유이다.

힘을 빼야 성공한다

"목에 힘을 주는 순간 그 사람은 실패한다."

평소 점잖은 사람이 힘 있는 자리가 주어지면 괜히 목에 힘이 들어가고 아랫배가 나오는 경우가 있다. 그때부터 그 사람은 멸망의 길로 들어서게 되는 것이다.

요즘 정권이 바뀌자마자 목에 힘주는 사람들이 늘어났다고 한다. 공직이든 일반 사조직이든 대개 갑질하는 사람들이 쓸데없이 힘을 주고 있는 모습을 종종 볼 수 있다.

일반 기업은 말할 것도 없고 최근 부산대학교 의대교수의 전공의 폭행, 외무부 파견 공무원들의 상상을 초월한 갑질이 그 좋은 예이다. 도로의 난폭한 운전자도 여기에 빠질 수는 없다.

사실 좋은 자리에 오르면 더 겸손해져야 하는데 기고만장해서 날뛰는 덜된 인간들이 우리 주위에 너무 많은 것이 문제이다.

예수나 석가모니도 겸손에 대해 강조했다.

심지어 머리가 되려면 종이 되어야 한다고 했다.

한때 유행한 머슴 리더십이 그 예이다.

말이 쉽지 힘을 뺀다는 것은 참으로 어렵다.

골프나 테니스, 배드민턴 등 채를 잡고 운동하는 경우, 상체와 손목의 힘을 빼야 헤드 스피드가 빨라져 멀리 가고 똑바로 칠 수가 있는 것이다.

오죽했으면 힘 빼는 데에만 3년 이상이 걸린다고 했을까.

필자는 골프경력이 수십 년이 되었지만 아직도 힘을 완전히 빼지 못하고 있다.

특히, 색소폰과 기타는 늘 옆에서 다루는 인생 2모작의 친구들로 손목과 손가락의 힘을 빼고 연주해야 멋있는 소리가 나오는 것을 체험하고 있다. 아울러 연습시간도 길게 할 수 있다. 성악가들도 고음을 처리할 때 목에 힘을 빼는 것이 제일 중요하다고 한다.

힘을 빼야 오히려 강한 음을 낼 수가 있고 좋은 성적이 나오니 아이러니하다.

인생길도 똑같다고 생각된다.

힘을 빼고 자연스럽게 살아야 진정한 행복이 뒤따를 것이라 믿는다. 억지로 힘을 써서 욕심을 부려봐야 오히려 손해라는 진리를 빨리 깨닫기 바란다. 나를 포함한 우리 모두가.

성공적인 직장생활의 필수품, 열정과 목적의식

직장생활 40여 년을 돌이켜 보니 종점까지 오는데 수많은 희로애락을 겪었다.

크게 출세하지는 못했지만 그래도 정년까지 다 채운 데에는 몇 가지 정신적인 필수품이 있었다.

그 첫 번째가 열정(enthusiasm)이었다.

금융업 분야는 예나 지금이나 특정 분야의 전문가라는 소리를 들으면 성공의 유리한 고지를 점령하는데 큰 도움이 된다.

내게는 그것이 대출 분야였다. 다년간 본점의 이론 분야에서 기틀을 다지고 교육 현장도 참 많이 다녔다.

아울러 일선 지점에 나가 대출 현장을 누비며 대출 마케팅을 몸으로 익혔다. 그런 열정으로 「대출 Marketing」 책자를 발간하여 이론과 실제를 겸비한 전문가로 자리를 잡게 되었다.

또 한 가지가 필요하다.

진정으로 직장생활에서 성공하기 위해서는 열정과 더불어 목적의식이 분명해야 한다.

올바른 목적의식은 자신에게 의미가 있고 사람들에게 해(害)가 되지 않으며 다른 개인이나 조직, 사회에 가치를 주는 일을 할 때 갖게 되는 것이다.

한마디로 내가 직장에 이바지할 수 있는 것을 향해 나아가는 목적의식과 열정의 방향이 같아야 성공할 기회가 많아진다.

엉뚱한 방향으로 열정을 쏟는다면 실패할 확률이 다분히 높을 것이기 때문이다.

'코로나19'로 인해 한국경제의 앞날이 더 어둡게 되었다.

그렇지 않아도 청년실업, 고령화, 부동산, 가계부채 등 기저 질환이 있었던 터에 '코로나19'까지 겹쳤으니 걱정이 이만저만이 아니다.

위기가 닥친 것은 분명하다. 하지만 위기는 위험과 기회를 합친 것으로 반전의 기회를 만들어 갈 수 있다.

직장생활에서도 마찬가지이다.

열정을 가지고 그리고 분명하고 유익한 목적의식을 가지고 나아갈 때, 정년까지 다 채울 수 있을 것이다. 물론 퇴직 이후 인생 2모작 농사도 풍년 농사가 될 것이다.

각종 스트레스를 이기고
정년까지 가려면

직장생활이 어려운데 '코로나19'로 인해 더 힘들어졌다.

운동선수들도 마찬가지인 모양이다.

지금 한창 논란이 되는 철인 3종 경기에서 일이 벌어졌다.

감독 등 지도부와 동료 주장 선수의 괴롭힘을 당하다가 혼자 해결해 보려고 혼신의 노력을 다했으나 현실적인 벽에 부딪혀 고귀한 목숨을 스스로 던진 스무 살이 갓 넘은 최숙현 선수 얘기이다.

오죽했으면 자기 목숨을 끊었을까.

감독이나 가짜 팀 닥터에게 상습적인 폭행을 당했고 실력 있는 팀 주장이 얼마나 이지메를 가했는지 동료 선수들의 증언이 이를 뒷받침해 주고 있다.

성적만이 최고라는 인식이 이를 미연에 막지 못한 것이다. 이는 대한체육회 관련 단체뿐만 아니라 우리 기성 사회, 모든 사람의 책임이다.

한때, 군대나 학교에서 폭력은 다반사였다. 초등학교 시절, 무지막지하게 폭력을 가하는 선생(그분에게 선생님이라는 호칭을 아직도 붙이고 싶지 않다)을 피해 집으로 도망친 기억이 아직도 생생하다. 군대에서는 말할 것도 없다. 지금도 뭐가 잘못되어서 군대에 다시 징집된 꿈을 꾸고 놀라서 깬 적이 여러 번 있다.

직장생활에서 스트레스를 받는 경우를 세 가지만 들어보자.

첫째, 상사나 동료들과 의견 충돌이 있을 때

둘째, 실적이나 업무에 대한 압박이 클 때

셋째, 승진에 따른 경쟁이 과도하게 심할 때

하나같이 쉽게 해결될 수 없는 것들이다.

우선, 부여된 목표를 달성하기 위해서는 부지런히 뛰어야 한다. 금융기관에서 근무하는 경우, 사무실에서만 있지 않고 열심히 뛰다 보면 어느새 목표가 달성되는 때가 있다. 물론 말이 쉽지 각종 목표를 남들만큼 달성하기가 쉽지 않다. 여기서 받는 스트레스가 적지 않다. 이것은 나로 인한 스트레스이기 때문에 고통이 덜하다.

문제는 인간관계에서 벌어진다.

상사나 동료를 잘못 만나면 정말 큰일이다.

심하면 각종 정신적 질병에 걸리고 직장을 그만둔다든지 더 심하면 목숨을 스스로 끊기까지 한다.

참으로 무섭다.

직장 내 스트레스를 해결하는 최적의 방법을 찾기가 쉽지 않다.

법륜 스님도 얘기했지만 무엇보다 "사람은 서로 다르다"라는 것을 인정해야 한다는 것이다.

성격, 입맛, 취미, 생활 태도가 다르다. 전 세계 인구 가운데 지문이 똑같은 사람이 하나도 없다.

한 배에서 난 3형제를 보노라면 같은 점도 있지만 어딘가 다르다. 명절 때 만나면 꼭 싸운다.

서로 다름을 인정하면 내 관점에서만 생각하지 않게 된다는 것이다.

평온한 상태에서 생각하면 맞는 말로 들린다.

그런데 인간이 꼭 그렇게만 안 된다. 도저히 이해할 수 없는 상황이 벌어질 수 있다.

이럴 때는 혼자 문제를 해결하려 하지 말고 전문병원을 찾아야 한다.

신경정신과에서는 이런 것들을 전문으로 듣고 치료한다.

우울증, 조울증, 분열증, 공황장애 등은 누구나 걸릴 수 있고 치료도 가능하다.

정신병이라면 일단 멀리하고 감추려고 한다.

이젠 그럴 게 아니다. 과감하게 문을 두드려 내 고민을 털놓아야 한다. 적당한 약물치료와 더불어 행동 치료와 병행하면 얼마든지 이길 수 있다. 유명 연예인들도 드러내 놓고 치료하여 지금도 현역에서 뛰고들 있다.

나는 여기에 하나 더 처방전을 떼고 싶다.

내 경우, 일과 공부를 겸하다 보니 엄청난 스트레스를 받았다. 동료들의 노골적인 시기심, 그리고 직장 상사의 괴롭힘이 심해 중간에 그만둘까 하는 생각도 했다.

우선 주치의 선생님의 심리적인 처방이 있었다. 많은 도움이 되었다. 때론 약물치료도 했지만 무엇보다 긍정적인 마인드를 가지려는 노력이 주효했다.

그리고 아침 테니스가 신경안정제 역할을 충분히 했다.

좀 일찍 일어나 테니스 한 두 게임을 한 후, 샤워를 깨끗이 하고 출근하면 얼마나 산뜻한지 모른다.

약간의 스트레스가 와도 라켓에 볼이 탁 튀겨 나가듯이 받아낼 수 있었다.

기타나 색소폰, 골프, 댄싱 등 취미생활을 하면서도 풀어내지만 테니스에 비교할 수 없다.

결국, 자기에 알맞은 운동이나 취미생활을 통해 해소할 수 있는 길을 찾아야 한다.

앞에서도 얘기했지만 정도가 심하면 반드시 전문 의사를 찾아가야한다. 어떠한 정신적인 문제도 상담할 수 있기 때문이다.

어떤 스님은 나를 괴롭히는 그 사람에게 내가 전생에 빚을 많이 졌다고 생각하란다. 그래서 반대로 잘 해주라고 처방전을 떼신다. 옳은 말씀으로 들린다.

"원수를 사랑하라."

예수께서도 말씀하신 바 있다.

요즘 혼자 사는 사람이 열에 서너 명에 이른다고 한다.

혼밥은 기본이고 고독사도 늘어간다. 일본이 한 해 삼만 명에 이른다고 하니 우리도 걱정을 해 봐야겠다.

이런저런 스트레스를 받지 않고 살아보려는 데에서 생긴 문제라고 생각한다. 그 어려운 직장에 들어갔으면 어떻게든 정년까지 다 채우고 나와야 한다.

그러려면 스트레스를 이겨내야 한다.

서로 다름을 인정하고 받아내는 너그러운 마음, 나에게 맞는 운동을 통해 저력을 기르고 정 안되면 의사를 찾아 적극적으로 해결해 나가야한다.

어렵다. 그래도 해 내야 한다.

나와 가족을 위해서라도.

기름 쓰고
너무 출세(?)하려고 하지 말자

세상을 살면서 놀라는 일이 종종 있다.

대개 뜻밖에 일어나는 일들이다.

생각지도 못한 일이 또 일어났다.

얼마 전에 박원순 서울시장이 스스로 목숨을 끊었다.

아마도 본인의 이미지를 훼손할 큰 잘못을 저지른 대가를 치른 것이 아닌지 추측해 본다.

참 잘 나가던 사람이었다. 그분에 대해 긍정적인 이미지를 갖고 있었다.

아직도 여운이 남아있다. 잘잘못을 떠나 안타깝다.

너무 욕심을 낸 나머지 잠시 이성을 잃었다고 볼 수 있다. 권력과 성은 불가분의 관계가 있는가 보다.

세상이 바뀌었다. 바야흐로 여성 상위 시대가 되었다 해도 과언이 아니다. 인간이 다 완벽할 수는 없다. 하지만 성에 관한 문제만큼은 떳떳해야 한다.

옛날 유대 지방에는 간음하다 들킨 여자에게 돌을 던져 죽이는 관습이 있었다. 이때 예수가 나타나 "이 가운데 죄 없는 사람은 돌을 던져라"라고 모인 군중을 향해 외친다. 결국 다 떠나고 예수도 그 여인에게 희망의 메시지를 전하고 떠난다.

세상에는 한 자리밖에 없는 자리를 향해 꼭 오르겠다는 헛된 욕망이 때론 무리해서 인생 낭패를 보는 경우가 허다하다.

제일 높은 곳과 제일 낮은 곳은 서로 이어져 있다.

청와대와 구치소가 거리는 떨어져 있지만 역대 대통령들이 꼭 들리는 곳이었다.

인생무상이다.

일반 직장에서도 임원 자리는 몇 자리밖에 주어지지 않는다.

여러 가지 정황을 따져 도저히 오를 수 없다고 판단되면 과감하게 승진 문제를 접고 은퇴 이후 멋진 삶을 위해 방향을 트는 것이 좋다.

은퇴하면 다 똑같다.

"오십이 되니 잘 난 놈이나 못난 놈이나 똑같고
육십이 되니 배운 놈이나 못 배운 놈이나 똑같고
칠십이 되니 있는 놈이나 없는 놈이나 똑같고
팔십이 되니 여기 있는 놈이나 산에 있는 놈이 똑같다."

라는 우스갯소리도 있다.

이즈음에 지난 인생길을 돌아보니 크게 출세하지 못한 것을 오히려 고맙게 생각한다. 하고 싶은 것을 실컷 하고 건강하게 살다가 천수를 다하고 한 많은 이 세상을 떠난다면 더 무엇을 바라겠는가.

인정투쟁에서 벗어나는 길

우리 인간은 잠재적으로 누구나 남들로부터 인정받고 싶은 욕망이 있다. 그 욕구가 보통 사람들보다 센 사람들이 있다. 소위 인정투쟁(認定鬪爭)을 벌이는 자들이다.

이는 자기 자신이나 타인에게 인정을 받기 위한 싸움이다. 늘 자신의 명예를 확인하려고 자기 의식적이며 정신적인 성격을 지닌다.

이들은 잠시라도 남들의 관심이 없어지면 안달복달이 난다. 인기란 한낱 물거품에 지나지 않는데도 남들이 인정해 주지 않으면 못 견딘다.

일종의 병이다. 연예인들은 인기를 먹고 산다.

하지만 새로운 풍조가 생기고 인기가 시들해지면 극단적인 선택을 하는 경우도 종종 볼 수 있다.

일반 대중을 상대로 하는 강사직업도 마찬가지다.

자기를 알리기 위해 피 터지게 알리는 PR을 멈추지 않는다. 알려야 강의 요청이 들어오기 때문이다.

'코로나19' 사태가 세상을 바꿔 놓았다.

방역 전문가들은 종식되려면 1~2년 더 소요되리라고 한다. 설사 종식되더라도 제2, 3의 바이러스가 올 수 있고 변화된 삶은 돌이킬 수 없다고 한다.

소위 언택트 시대이다 보니 사람들이 모이지 않는다.

대면 강의가 대폭 줄었다.

자연스럽게 남의 감탄을 받을 기회가 없어진 것이다.

그러다 보니 눈치 빠른 사람은 재빨리 SNS로 돌려 끝없이 돌아다니면서 남의 인정과 감탄에 목말라하고 있다.

남의 인정이라는 게 얼마나 허무하게 날아가는지 우리에게 보여주는 사례가 많다.

최근 너무나 잘 나갔던 혜민 스님이 하루아침에 절망의 나락으로 떨어진 경우를 보고 있다. 그는 저서나 강론을 통해서 많은 팬을 확보했지만 돈이라는 유혹에 넘어가 스님의 본분을 저버린 데에서 대중들이 고개를 돌린 것이다.

하기야 모든 강사들이 말과 언행이 일치한다고 보진 않는다. 그런데도 강의 기법과 상황 적응을 잘하다 보니 빨려 들어가는 것이다.

인정투쟁에서 벗어나는 길은 너무나 간단하다.

남의 인정이라는 것이 얼마나 허무하게 사라지는지를 아는 것이다.

또한, 그 욕망의 길이 끝이 없다는 것이다. 조금 더 조금 더 하다가 결국 무리를 하고 모든 것을 잃게 되는 것이다.

흔히들 "성장은 변화이다(Growth is Change)"라고 한다. 맞는 말이다. 인류발달사가 변화의 역사이고 성장의 역사이다.

이번에는 '코로나19' 바이러스 때문에 극도로 발달한 현대 과학이 꼼짝없이 당했다.

인터넷으로 세상이 크게 바뀌었다.

이에 견줄만한 변화가 '코로나19'로 인해 생겼다.

이젠 인정투쟁도 바뀌어야 한다.

죽을 때 후회하는 것은 성공, 지위, 인정, 돈이 아니다.

"그 친구한테 더 잘해줄걸"하는 타인들과의 공존하는 삶이라고 한다. 한마디로 더불어 살고 이웃에게 잘해주는 삶이다.

나도 한때는 인정투쟁을 벌이는 사람들을 보고 부러워했고 따라가 보려 했다.

오랜 고민 끝에 내린 결론은 '아니다'였다.

혼자서도 고물고물 잘 놀면서 행복하게 잘 살아가는데 남까지 넘본다는 것은 지나친 욕심이기 때문이다.

「코로나 사피엔스」란 책을 읽고 느끼는 바가 많다.

"사회적으로 강요된 want가 아닌 각자 좋아하는 것 즉, like 하나하나를 즐기다 보면 전문화도 되고 작지만 확실한 행복('소확행')을 느낄 수 있다."

말로 벌어먹다가 퇴직하고 보니 제2의 직업으로 마땅히 구할 것이 없다. 학자의 길이 그래서 외로운가 보다. 그래도 남보다 잘하는 것이 공부하고 가르치는 일인데 '코로나19'가 길을 가로막고 있다.

'소확행'의 길을 가라고 한다. 나보다 더 어려운 사람들을 도우라고 한다.

인정투쟁심을 과감히 버리라고 한다.

마실수록 목마른 소금물처럼
욕망은 더 큰 욕망을 부른다

"욕망은 소금물을 마시는 것과 같다. 마실수록 목이 마르다. 설령 충족이 된다 해도 더 큰 욕망을 부른다."

경기도 양평에 전원주택을 짓고 사는 전직 판사 출신 김윤수 씨가 한 말이다.

그는 불교에 깊은 관심을 가지고 초기 경전인 아함경을 번역, 출간하였다고 한다.

삶과 죽음, 그 이후의 문제를 생각하다가 불교의 깊은 진리를 파악하게 되었단다.

그가 내린 결론이다.

인간의 욕망은 끝이 없다.

그 끝없는 욕망이 채워지지 않을 때, 괴로워한다.

그런데 고도의 현미경으로 살펴보면 세상은 끊임없이 변화한다.

고정된 것은 없다. 고정된 것이 없으니 진정으로 가질 수 있는 건 아무것도 없다. 오히려 진정으로 가질 수 있는 게 아무것도 없음을 알 때 우리는 자유로워진다. 그러니 이 세상과 현상의 본질을 제대로 이해하는 게 중요하다.

하지만 부(富), 명예, 권력을 끝없이 추구하는 게 보통의 인간이다. 만족할 줄을 모른다. 어떤 이들은 수단과 방법을 가리지 않고 자신의 욕망을 채우기 위해 돌진한다.

그리고 채운 욕망은 다른 이들이 알아주길 원한다. Facebook이나 여러 매체를 통해 선전한다.

욕심이 죄를 낳는다고 한다. 늘 지나친 욕망이 문제가 되는 것이다. 나도 욕심의 노예에서 벗어나는 해탈의 경지를 맛보고 싶다.

고촌에 살으리랏다

오늘 아침 밥상이 풍성하다. 아침 운동 후 밭에서 금방 따온 싱싱한 상추와 무 잎에 고추장을 얹어서 한입에 쏘옥 넣으니 꿀맛이다.

어디 먼 시골 모습이 아니다. 김포 고촌의 우리 집 아침밥상 풍경이다.

흔히들 자기가 사는 곳이 최고라고 생각하고 집을 잘 옮기지 않는다고 한다. 나도 젊었을 때는 여러 번 이사를 다녔지만 서울 당산동에서 이곳 고촌에 정착한 이후 다른 곳은 쳐다보지도 않고 근 20년 동안 제2의 고향처럼 살아오고 있다.

고촌에 대한 첫인상이 너무 좋았었다.

우선 서울과 지근거리에 있는 데에도 공기부터 달랐다.

말이 경기도 김포이지 김포공항과 붙어 있어 서울과 다름이 없다.

'고촌(高村)'이라는 지명은 1914년 일제가 부군면 통폐합을 단행할 때, 기존의 고란태면(高蘭台面)과 임촌면(臨村面)을 통합하면서 한 글자씩 합성해서 생겨났다고 한다.

고촌은 자랑거리가 많다.

특히, 은퇴자가 살기에는 천국이다.

야트막한 뒷산 '당산미'가 있어 노인들이 무리하지 않게 산책 겸 산행을 즐길 수 있다.

입구에 8면에 이르는 시영 테니스장이 있어 동호인들이 즐기고 있다.

근처에 아라뱃길이 있어 걷기도 좋고 특히 자전거 길이 인천까지 뻗어 있어 라이딩 족에게 인기 만점이다.

또한, 얼마 전 지하철(경전철)이 생겨 고촌에서 김포공항까지 한 정거장만 타고 가면 시내 어느 곳이든지 편리하게 갈 수 있다.

고촌은 농촌의 맛을 느끼며 도시 생활을 영위할 수 있는 전원도시이다.

요즘 이삿짐을 옮기는 소리가 밤낮에 걸쳐 계속 이어지고 있다. 살기 좋은 곳이라는 소리를 어디서 들었는지 새로운 얼굴들이 늘어가고 있다.

좋은 징조이다.

하늘 높은 줄 모르고 치솟는 강남 아파트에 사는 사람이 하나도 부럽지 않다. 언젠가 타워팰리스에 가본 적이 있는데 사람 냄새라곤 찾아볼 수 없었다.

우리 같은 평범한 은퇴자에게는 어울리지 않고 살고 싶지도 않았다.

튼튼한 암반 위에 지어진 고촌 우리 아파트가 나는 제일 좋다. 서울의 전세가도(傳貰價) 되지 않는 금액이지만 50평의 너른 집에 연구실까지 갖춘 우리 집이 좋다.

책상 앞에서 잠시 고개를 들면 저 멀리 확 트인 언덕이 보인다. 가을 햇볕이 잘 내리쬐는 남향의 우리 집이 좋다.

은퇴자로서 삶의 질을 높일 수 있는 곳, 이곳 고촌에서 앞으로도 쭈욱 살고 싶다.

고촌에 살으리랏다!

황혼이혼을 막으려면

요즘 우리나라도 남녀노소를 불문하고 이혼이 늘어나고 있다. 미국이나 유럽의 이혼율에는 미치지 않지만 주위를 살펴보면 생각보다 급증하고 있다.

늘그막에 갈라서는 황혼이혼도 점점 증가하고 있다. 이웃나라 일본에서는 남편의 퇴직을 기다렸다가 불쑥 이혼 카드를 꺼내 든다고 한다. 퇴직연금의 반을 차지할 수 있기 때문이란다.

황혼이혼을 피하는 여덟 가지 지침이 있어 소개한다. 잉꼬부부에게는 해당되지 않을지도 모르지만 보통의 부부에게 맞는 말인 것 같다.

첫째, 부부가 함께 있는 시간을 최대한 줄여야 한다. 그래야 의견 충돌로 다툴 일이 적어지기 때문이다.

둘째, 서로가 하는 일에 간섭하지 마라. 각자가 세상을 살아온 경험이 있다.

셋째, 쪼잔 하게 여자 돈 쓰는데 간섭하지 말아야 한다. 돈 쓰는데 간섭받으면 제일 열을 받는다. 스트레스를 받아 병들면 돈이 더 많이 든다.

넷째, 같은 취미를 가지지 마라. 좀 역설적인 얘기같이 들리지만 맞는 말이다. 조금만 실수해도 서로 싸우고 스트레스만 받는다.

다섯째, 식사는 각자가 알아서 챙겨 먹어야 한다. 물론 마누라가 해

주면 고맙게 먹고 혼자 있을 땐 자기가 알아서 해 먹어야 한다.

여섯째, 집안일도 집에 있는 시간이 많은 사람이 알아서 해야 한다. 설거지도 하고 청소나 빨래도 직접 해야 한다.

일곱째, TV 채널은 여자에게 우선권을 주라. 안 그러려면 한 대 더 사라.

여덟째, 각종 모임을 부부가 함께 하지마라. 서로 비교하고 나쁜 일만 생긴다.

각자 형편에 따라 약간의 차이가 있겠지만 깊이 새겨 봐야 할 대목이라 생각한다.

결국 스스로 고물고물 잘 놀아야 황혼이혼을 피할 수 있다는 말이다.

지금까지 30~40년을 같이 살아왔는데 퇴직 이후 또 20~30년간을 미우나 고우나 같이 살아내야 한다.

차라리 졸혼을 할지라도 황혼이혼은 피하자.

「끝난 사람(終わった人)」을 읽고

저자는 우치다테 마키코(內館 牧子)이다. 신문 연재소설로서 베스트셀러에 오른 책이다. 영화로도 나왔다.

지인으로부터 번역된 책을 건네받고 단숨에 읽었다. 얼마 전 일본 동경학예대학에 들렀다가 귀국길에 나리타공항 서점에서 원서를 사서 읽었다.

그 이유는 주인공과 내가 걸어온 길이

너무 비슷하고 걸어가야 할 길을 미리 보는 것 같았기 때문이다.

주인공 다시로는 일본의 최고 명문인 동경대학 법학부를 졸업하고 대형 은행에 취업하여 탄탄대로를 걸었다. 모든 조건을 갖춘 엘리트였지만 임원승진에서 밀려 자회사 전무로 자리를 옮긴다. 크게 실망하였으나 자회사의 발전을 위해 심혈을 기울인다. 하지만 여기서도 뜻을 다 펴지 못했다. 결국 임기를 다 채우지 못하고 은퇴식(생전장례식)을 치른다. 65세까지 보장된 자리를 박차고 은퇴한 이후 시행착오를 겪는다.

무엇보다 동경대 법대 출신이란 자만심이 은퇴 이후 제2의 인생을 시작하는 데 걸림돌이 되었다.

어느 날 모교에 들러 지난날 자신만만했던 모습을 떠올린다. 하지만

"사람이 늙어 도달하는 곳은 대동소이하다"라는 사실을 깨닫는다. 황금빛 석양에 물든 교정을 보고 눈물을 쏟아 낸다. 옛 시절로 돌아갈 수 없기에 은퇴자의 눈물은 더 진하다. 더 잦아진다.

모처럼 정장을 해도 양복이 숨을 쉬지 않는다.

허전한 마음을 달래 보려고 젊은 여인과 사랑을 염원해 본다. 물론 여자 문제로 진퇴양난에 빠지는 상황이 일어나지 않지만 성공률이 매우 떨어진다.

회춘하고 싶다며 연애를 한다고 기를 쓰다가 결국 더 비참하게 된다면 회춘은커녕 노화를 재촉할 뿐이다.

직장과 무덤 사이에 아무것도 없는 인생이란 얼마나 따분한 것인가!

'일이 중요하다'라는 결론을 내고 탄탄한 IT 업체인 골드트리의 고문직을 수락한다. 유혹의 덫에 걸린 것이다.

얼마 후 사장인 스즈끼가 갑자기 세상을 떠나자 젊은 사원들의 성원으로 사장의 자리까지 오르게 된다. 부인 치구사는 미용실에 나가면서 인생 2모작을 스스로 준비하고 있었다. 연금도 있고 퇴직금도 준비되어 있어서 유유자적하게 지내라며 몇 번이나 말렸다.

호사다마라고 했던가. 그렇게도 건실했던 기업체가 미얀마 진출 실패로 인해 3억 엔이라는 거액의 부도를 맞게 된다. 여기에다 연대보증으로 인해 거액의 회사 손실금을 변제하게 된다. 은퇴 자금으로 모아두었던 9천만 엔이라는 거금을 회사 부채의 연대보증으로 인해 날리게 되었다.

어느 날 고향의 출신학교인 남부 고등학교가 그 유명한 고시엔(甲子園) 야구 대회에 나갈 수 있는 지구 결승전을 치르게 되었다. 그 핑계로 모처럼 고향 땅을 밟았다.

정식 동창회는 아니지만 이런저런 사유로 낙향하여 고향 발전을 위해 봉사하는 친구들이 모였다.

이런 친구들을 보니 장래가 촉망되던 남자나 미인으로 추앙받던 여자일수록 동창회에 나오지 못한다는 소리가 이해되었다.

돌아와 교도관(아내 千草)에게 인정받고 싶은 모범수(다시로)로 살아간다. 설거지, 빨래는 물론 밥까지 준비하고 그렇게 싫어했던 다림질까지 하게 된다.

이러다 보니 늦은 나이에도 일이 있는 아내와 사이가 멀어져 갔다. 서로를 구속하지 않아도 되는 나이가 된 것이다.

이윽고 아내가 꺼낸 말이 호적은 그냥 두고 각자 자신의 인생을 살기 위해 동거형태를 해소하는 이른바 '졸혼(卒婚)'이다. 고향으로 돌아가고 싶다는 남편의 마음과 이혼은 하지 않겠다는 아내의 결심이 잘 조화된 것이다.

고향으로 돌아온 아들에게 어머니는 따뜻한 한마디를 건넨다. "몇십 년씩 타향에서 살아도 고향이라는 거는 나 있을 자리를 만들어 주는 곳이여" 또 눈물이 앞을 가린다.

"사람은 죽을 때까지 자부심을 느끼며 살 수 있는 길을 찾아야만 해."

잘 나가는 회사를 젊을 때, 때려치우고 복싱 심판의 길을 걷는 친구, 니노미야의 말이다.

끝난 사람의 연령대에서는 아름답게 늙어가는 삶을 즐기고 찬미할 줄 알아야 한다. 생전 장례식이라 할 수 있는 65세 정년퇴직은 참으로 절묘한 타이밍이다. 그 후 불과 15년 전후로 진짜 장례식이 찾아온다. 남은 날이 많지 않다는 것은 밑바닥에 떨어진 인간을 편하게 해준다.

정년퇴직 이후 소프트랜딩에 실패한 주인공의 사례는 나와 우리 모두의 얘기라 더 절절하게 다가온다.

정리의 달인이 되고 싶다

정리(整理)란 흐트러지거나 혼란스러운 상태에 있는 것을 한데 모으거나 치워서 질서 있는 상태가 되게 하는 것이다.

노년은 인생을 정리하는 시간이다. 더 가지려는 헛된 욕심을 버리고 떠날 준비를 하는 시간이다.

빈손으로 왔다가 빈손으로 가는 게 인생이다. 무엇인가 더 가지려 하다 보니 한 번 가진 것은 쉽게 버리질 못한다.

성인들은 소유라는 욕심을 버리라고 한다.

무소유를 실천하고 가신 법정 스님을 비롯하여 많은 스님들이 가사 적삼 한 벌에 최소한의 물건만 사용하고 청빈하게 살다 가셨다.

요즘 정리에 푹 빠져 있다.

그런데 생각보다 정리가 참으로 어렵다.

그러다 보니 정리 컨설팅을 해주는 '정리수납사'라는 민간 자격증까지 생겼다.

버릴 것과 남길 것을 구분해서 1년 이상 한 번도 사용하지 않았다면 과감히 버리고 물건의 자리를 정해서 사용 후에는 꼭 그 자리에 다시 가져다 놓는 습관을 기르라고 한다.

과감히 버려야 하는데 치워도 치워도 끝이 없다.

우선 집 안에 있는 물건들을 정리해야 한다. 대부분 사용하지 않는 물건들로 집안 이곳저곳을 채우고 있다.

은퇴 이후 집안 청소는 물론이요 설거지, 빨래까지 하다 보니 반 주부가 되었다. 자연적으로 정리하는 데에 관심이 많아진다.

며칠 전에는 묻지도 않고 마구 버린다고 집사람에게 한 소리를 듣고 심하게 다퉜다. 평소 홈쇼핑을 즐겨보면서 물건을 잘 사는데 구매한 후 몇 차례 사용하지 않고 처박아 놓는 경우가 많이 있다. 여러 차례 주의를 줬지만, 그 습관을 버리지 못하고 있다. 이젠 포기했다. 주부로서 뚝딱뚝딱 음식은 잘 만드는데 정돈하고 버리는 데에는 영 잼뱅이다.

하나하나 정리하다 보니 집안의 반은 다 버릴 것들이다. 베란다에 수십 년 된 것도 그대로 쌓여 있다. 주방용품도 거지반 버릴 것들이다.

옷장도 마찬가지이다. 계절이 바뀌고 유행도 훨씬 지난 옷들로 가득 차 있다.

책장은 어떠한가. 몇 년이 지나 한 번도 보지 않은 책들이 그대로 꽂혀 있다. 신발장에도 신지 않는 것들로 차 있다.

내 주변부터 정리를 시작했다.

옷장부터 눈을 돌려 아직도 입을 수 있는 신사복이지만 내 몸에 안 맞는 것들을 한데 모아 재활용 옷 버리는 곳에 징성스레 넣었다. 이불과 베개도 수년 동안 사용하지 않은 것들은 골라냈다.

책장에 보지 않는 책들을 과감히 빼냈다. 수납공간이 비다 보니 얼마나 마음에 여유가 생기는지 모르겠다.

아직도 버리지 못한 박사학위, 홀인원, 싱글, 이글 등 각종 기념패도 과감히 버려야겠다. 누가 봐주는 사람도 없고 집안에 자리만 차지할 뿐이다.

은행의 통장이나 카드도 정리했다. 카드는 하나로 통일하고 연회비를 잡아먹는 프리미엄 카드를 반납하고 일반 카드로 바꿨다.

부수적으로 얻은 게 많다.

가계부를 써 나가면서 지출도 많이 줄었다.

집안에 공간이 늘다 보니 제 평수를 찾은 것 같다. 마음도 넉넉해졌다.

정리에 관심을 가지니 이런 생각이 든다.

"너무 깔끔을 떨어도 복이 나간다"라는 말이 있지만 그래도 정리는 꼭 필요하다.

"무조건 버리는 것이 정리가 아니다. 정말 내게 필요한 것이 무엇이고 내 생활을 떠받치는 물건이 무엇인지 '선택'하는 힘을 기르는 것이다"라고.

아직도 정리할 것이 많이 있다.

꼭 있어야 할 것을 제 자리에 놓아두고 공간을 충분히 활용하여 나도 정리의 신이 되어야겠다. 그리하여 남아있는 후손들에게 짐이 되지 않도록 내 주변을 잘 정리하고 이 땅을 떠나고 싶다.

품위 있는 죽음을 맞이하고 싶다

국가공인 노인의 반열에 오르니 이곳저곳에서 슬픈 소식이 들린다.

하기야 내가 어렸을 때는 환갑을 맞으면 동네잔치를 크게 했었다. 육십 일곱이면 동네에서 어른 대접을 받았었다.

이제는 환갑잔치는커녕 칠순 잔치도 건너뛰는 세상이 되고 말았다. 그만큼 수명이 연장되어 오래 살게 된 것이다.

그래도 내 주위에는 친구들이 하나씩 세상을 등지고 있다. 지난달에는 친한 고교 친구가 유명(幽明)을 달리했다. 평범한 문상이 아니라 발인 당일에 화장터를 들러 추모공원까지 동행했었다. 살아생전에 모교와 동기회 발전을 위해 여러 가지 좋은 일을 많이 했다. 사업하느라 술을 자제하지 못하고 무리한 탓에 여러 가지 합병증으로 일찍 저세상으로 가고 말았다.

유골 안치함까지 따라가 친구의 명복을 빌어 주었다. 한데 주위를 돌아보니 의외로 젊은이들이 먼저 간 경우가 많았다. 가는 데에는 순서가 없다고 하더니만 적잖이 놀랐다.

사실 칠십을 바라보는 이 나이까지 살았으니 지금 떠난다고 해도 가족 이외에는 그리 슬퍼할 사람도 없을 것이다. 조금 일찍 갔다고 한마디 하면 다행이다.

나를 비롯하여 대부분의 베이비부머가 늘 가까이 있는 죽음을 생각하지 않고 그냥저냥 지내고 있다. 한국인의 평균수명은 남자 80세 여자 86세로 평균 83세이다. 지금 60세의 베이비부머라면 평균 여명이 20년이라고 보면 된다. 사실 길다면 길지만 60대 이후 시속 60 Km로 달리다 보니 그리 길게 남지도 않았다.

이제 죽음을 준비해야 한다. 성공했건 실패했건 간에 잠시 이 땅에 와서 잘 살다가 깨끗하게 떠나는 것이 마지막 할 일이다. 후손들에게 폐를 끼치지 말고 있는 것을 다 베풀고 떠난다면 더 좋겠다.

그렇다.

인간은 누구나 죽음을 맞이한다. 갑자기 닥쳐올 수도 있지만 대개 평균수명을 살고 이 땅을 떠난다. 그런데도 우리는 일상생활에서 죽음을 밀쳐 내며 살고 있다.

"어떻게 죽는 것이 바람직한 죽음일까?"를 이제 곰곰이 생각해 봐야 한다.

여러 조사에 따르면 우리 노인들은 이런 죽음을 원하고 있다.

큰 병 없이 천수를 누리다가 집에서 준비되고 편안한 상태로 고통 없이 잠들 듯 죽음을 맞이하고 싶어 한다. 한마디로 웰다잉(well-dying) 이다.

99세까지 88하게 살다가 2~3일 앓고 나흘째 가자는 욕심 많은 구호도 있다.

여기서 내가 본 부러운 죽음, 두 분의 사례를 소개하려고 한다.

먼저, 한국 테니스계의 거목이셨던 소강 민관식 전 문교부 장관이시다.

그분은 살아생전에 테니스를 무척이나 좋아하시고 실제 본인이 즐겨 치셨다. 동대문운동장 야구장에 있는 테니스장과 장충단 공원 기슭에 있는 테니스장을 주로 이용하셨다.

나도 가끔 곁에서 테니스를 친 적이 있다. 그런데 이분이 88세 되던 해에 테니스를 잘 치고 샤워까지 끝낸 후 주무시다가 고이 세상을 떠나셨다.

얼마나 깨끗하고 멋진 죽음인지 아직도 생생하게 기억하고 있다. 천수를 다하고 멋지게 놀고 난 후, 집에서 잠자는 듯이 가셨으니 죽음의 복을 타고난 분이셨다.

또 한 분을 소개하면 바로 우리 돌아가신 할머니의 사례이다.

일평생 농촌에서 농사를 짓다가 92세까지 장수하시고 집에서 며칠 앓다가 돌아가셨다. 말년에는 약간의 치매 증상을 보이셨으나 밭도 매고 당신이 할 일은 다 찾아서 하셨다.

역시 천수를 다하고 정든 방에서 자손들이 보는 가운데 평안하게 눈을 감았다. 입관하기 전에 다시 한 번 얼굴을 쳐다보니 그렇게 예쁠 수가 없었다. 고통이 없고 한세상 잘 살고 간다는 그런 메시지를 전하는 것 같았다.

그러나 현실적으로는 이러한 멋진 죽음을 맞이하기가 쉽지 않다.

열에 여덟아홉은 병원에서 생의 최후를 맞고 있다.

회생가능성이 없는 환자임에도 불구하고 임종 전 마지막 2~3개월을 가족들과 생을 마무리하는 시간으로 보내기보다 중환자실에서 인공호흡기, 심폐소생술, ECMO(체외 순환기)를 달아 연명치료를 하는 실정이다. 대형병원의 경영수지차원에서 강제로 시행한다고 하니 아연실색하지 않을 수 없다. 본인도 고통이 크지만 남겨진 가족에게도 금전적, 정신적 부담을 주게 된다.

이러한 강제적인 연명치료를 예방하는 길은 '사전연명의료의향서'를 미리 작성해 두는 것이다. 멀쩡한 상태에서 쓰기가 어렵겠지만 그래도 반드시 준비해 놓아야 한다. 회생이 불능한 중환자실의 노인에게 본인과 가족의 동의 없이 심폐소생술을 한답시고 갈비뼈까지 부러지게 하는 고통을 줄 필요가 없는 것이다.

죽음은 아주 먼 미래의 얘기가 아니다.

특히, 베이비부머에게는 곧 닥칠 미래의 실제 사건이다.

멋있는 죽음을 맞이하기 위해서는 끝까지 건강을 지키려 노력해야 한다. 생로병사의 길을 누구나 공평하게 걷지만 최후까지 가족이나 간병인의 도움을 최대한 받지 않고 자력으로 살다가 한 일주일 고생한 후에 간다면 더 이상 바랄 것이 없지 않을까 생각해 본다.

그러기 위해서는 평소 건강관리에 심혈을 기울여야 한다.

노인일수록 자꾸 움직이고 오장육부를 튼튼하게 잘 관리해야 한다.

낙상사고를 당해 침대에 꽁꽁 묶여 대소변을 받아내는 경우를 흔히 본다. 상상만 해도 끔찍하다. 하지만 이게 현실이다.

요양병원에 누워있는 노인들 대부분이 대소변을 직접 처리하지 못하고 간병인들의 손에 맡겨진다고 한다. 이렇게까지 꼭 살아야 하는지 의문이 든다.

어두운 현실만 있는 게 아니다.

요즘은 생전장례식이 점차 늘어나고 있다고 한다. 아직 대중화된 것은 아니지만 말만 들어도 멋있다.

말기 암이나 곧 닥칠 죽음이 예상되는 경우라면 세상과 어떻게 이별할지를 미리 계획을 세워 실행에 옮기는 것이다.

실제로 일본의 한 중견기업 회장이 말기 암 통보를 받고 '감사의 모임'이라는 이름으로 작은 파티를 열었다. 슬픔의 눈물 대신, 즐거운 노래와 춤과 대화로 마무리하는 인생의 작별 인사를 나눴다고 한다.

우리나라도 85세의 전립선암 말기 환자가 '나의 판타스틱 장례식'이라는 현수막을 내 걸고 평소 입던 환자복을 벗어 던지고 신사복으로 갈아입은 후 이렇게 내빈께 인사를 했다고 한다.

"아니 왜 죽은 다음에 장례를 지내, 한 번은 죽어야 하는 거 너무 슬퍼하지 마세요. 이렇게 많이 와 주셔서 감사합니다……."

정말 멋지다.

또 한 가지 더 욕심을 부리자면 죽기 전에 5백만 원만 남기고 다 쓰고 죽으라는 천주교 황창연 신부의 말을 실천하고 싶다. 실제 강남에는 다 쓰고 죽자는 '쓰죽회'라는 모임이 있다고 한다. 요즘 장례를 치르는데 약 천만 원 정도 들어가는데 왜 5백만 원만 남기느냐고 질문하니 황 신부의 답변이 걸작이다. 나머지는 당일 부조금으로 충당하면 된다고.

너무 아끼지 말고 자신에게 과감하게 투자하고 건강하고 멋지게 살다가 깨끗하게 가자는 것이다. 그것이 자식들 간에 싸우지 않게 하고 올바르게 살도록 인도하는 길이라 생각된다.

이렇듯 멋지게 죽기도 쉽지 않다.

사람에게는 저마다 고유한 삶의 방식이 있듯이 죽음도 그 사람다운 죽음을 택할 수 있도록 이웃들은 거들고 지켜보아야 한다.

그러기 위해서는 우리가 일찍부터 삶을 배우듯이 죽음도 미리 배워 둬야 할 것이다. 언젠가는 우리 자신이 맞이해야 할 사실이기 때문이다.

내가 늘 가슴에 품고 있는 시(詩),
'오늘을 사랑하라' 그리고 '님이시여'

오늘을 사랑하라

토마스 칼라일

어제는 이미 과거 속에 묻혀 있고
미래는 아직 오지 않은 날이라네

우리가 살고 있는 날은 바로 오늘
우리가 사용할 수 있는 날은 오늘
우리가 소유할 수 있는 날은 오늘뿐

오늘을 사랑하라
오늘에 정성을 쏟아라
오늘 만나는 사람을 따뜻하게 대하라

오늘은 영원 속의 오늘
오늘처럼 중요한 날도 없다
오늘처럼 소중한 시간도 없다

오늘을 사랑하라

어제의 미련을 버려라

오지도 않은 내일을 걱정하지 말라

우리의 삶은 오늘의 연속이다

오늘이 서른 번 모여 한 달이 되고

오늘이 삼백육십다섯 번 모여 일 년이 되고

오늘이 삼만 번 모여 일생이 된다

☞ 시(詩)는 문학의 한 장르이다. 사전적인 의미로는 자연이나 인생에 대하여 일어나는 감흥과 사상 따위를 함축적이고 운율적인 언어로 표현한 글이다.

법정 스님은 생전에 이 글자가 말씀 언(言)변에 절 사(寺)자가 있어 절에서 하는 말로 표현하기도 했다.

나이 들어가면서 시가 좋아진다. 국내외 많은 시인의 주옥같은 시를 암송해 보고 음미해 보는 시간이 참 좋다.

'오늘을 사랑하라' 이 시의 작자는 영국의 평론가이자 역사가였던 토마스 칼라일(Thomas Carlyle, 1795. 12. 4~1881. 2. 5)이다.

그는 이상주의적인 사회개혁을 제창하여 19세기 사상계에 큰 영향을 끼쳤다. 특히, 젊은이들의 우상이었다.

농협은행 지점장 시절에는 크게 현수막으로 제작하여 객장에 걸어 놓고 고객들의 눈길을 끌기도 했다. 신규 고객님들께 손수 감사장을 보냈는데 봉투 안에는 꼭 이 시를 동봉했었다. 그만큼 사랑했던 시이다.

남은 나날도 늘 오늘을 사랑하고 꿈을 꾸며 멋지게 살아내고 싶다.

님이시여

박태호

님이시여
내 손이 약할 때
두 손을 꼬옥 잡아주소서
그리하여 님의 손을 잡아야할 때
놓치지 않게 하소서

님이시여
내가 피곤하여 쓰러지고 싶을 때
다시 한 번 일어날 수 있도록 힘을 주소서
그리하여 이 땅에서 맡겨진 사명을
잘 감당할 수 있게 하소서

님이시여
내가 누구를 유혹하고 싶은 마음이 용솟음 칠 때
참된 이성을 찾게 하소서
그리하여 심신이 상하고 상처받는
어리석음을 반복하지 않게 하소서

님이시여
내 앞에 감당하기 어려운 고난이 겹칠 때
당당히 극복할 수 있는 힘을 주소서

그리하여 인생이 고난의 연속임을 깨닫고
고난을 감사로 바꾸는 역사를 이루게 하소서

님이시여
내가 쌓은 모래성을 남에게 자랑하고 싶을 때
진실된 내 모습을 보게 하소서
그리하여 겸손의 위력이
태산보다 더 크다는 사실을 깨닫게 하소서

☞ 오래 전에 쓴 시이다. 나의 고백이요 소원이요 각오이다.
그런데 아직 설익은 감 같다. 본격적인 인생의 겨울이 오기 전에
감홍시로 익어야 할 텐데. 더 노력해야 한다.
항상 이 시를 읽으며 반성하고 새로운 힘을 얻는다.
이 땅을 떠나는 날 "그만하면 잘 살았다"라는 고백을 하고 싶다.

'오늘'과 '님이시여' 두 편의 시는 내 책상의 창문가에 붙여 놓고 매일 쳐다보면서 하루를 연다. 내 가슴에 늘 품고 있는 시라 할 수 있다.

힘든 시기를 살아가는 독자 여러분께 위로가 되고 긍정의 힘을 불어넣었으면 좋겠다.

혼자서도 고물고물 잘 놀자

1판 1쇄 발행 2021년 4월 15일
1판 2쇄 발행 2023년 2월 15일

저   자 박태호
발행인 이낙용

발행처 도서출판 범한
등록 1995년 10월 12일(제2-2056)
주소 10579 경기도 고양시 덕양구 통일로 374 우남상가 102호
전화 (02) 2278-6195
팩스 (02) 2268-9167
메일 bumhanp@hanmail.net
홈페이지 www.bumhanp.com

정가 15,000원   ISBN 979-11-5596-191-9 [03690]